Michael Custodis
Albrecht Riethmüller
(Hg.)

Georg Kreisler – Grenzgänger
Sieben Beiträge mit einem Nachwort
von Georg Kreisler

ROMBACH WISSENSCHAFTEN · REIHE LITTERAE

herausgegeben von Gerhard Neumann und Günter Schnitzler

Band 169

Michael Custodis und Albrecht Riethmüller (Hg.)

Georg Kreisler – Grenzgänger

Sieben Beiträge mit einem Nachwort
von Georg Kreisler

ROMBACH VERLAG

Dieses Buch entstand im Rahmen der Arbeiten des Sonderforschungsbereiches 626 der Freien Universität Berlin »Ästhetische Erfahrung im Zeichen der Entgrenzung der Künste«. Gedruckt mit der freundlichen Unterstützung der Deutschen Forschungsgemeinschaft.

Sonderforschungsbereich 626
Ästhetische Erfahrung im Zeichen
der Entgrenzung der Künste
Freie Universität Berlin

Deutsche Forschungsgemeinschaft
DFG

Bibliografische Information der Deutschen Bibliothek
Die Deutsche Bibliothek verzeichnet diese Publikation in der Deutschen Nationalbibliografie; detaillierte bibliografische Daten sind im Internet über <http://dnb.ddb.de> abrufbar.

© 2009. Rombach Verlag KG, Freiburg i.Br./Berlin/Wien
1. Auflage. Alle Rechte vorbehalten
Umschlag: www.simonraabenstein.com
Satz: TIESLED Satz & Service, Köln
Herstellung: Rombach Druck- und Verlagshaus GmbH & Co. KG, Freiburg i.Br.
Printed in Germany
ISBN 978-3-7930-9554-5

INHALT

Vorwort 7

Albrecht Riethmüller
Komponist – Songwriter – Melopoet
Der Künstler Georg Kreisler 9

Michael Custodis
Gedanken über Musik in Georg Kreislers Texten 29

Friedrich Geiger
Musik in der politischen Kunst Georg Kreislers 43

Frédéric Döhl
Georg Kreislers Musiktheater und das Format
des Kammermusicals 59

Michael Seufert
Georg Kreisler gibt es gar nicht
Anmerkungen zu einer Biografie 77

Gregor Herzfeld
Georg Kreisler, zum Gegenstand gemacht 83

Franka Köpp
»Das Ewige tanzt«
Das Georg-Kreisler-Archiv der Akademie der Künste, Berlin 91

Georg Kreisler
Nachwort 111

Namenregister 113

Vorwort

In diesem Band sind die Ergebnisse von Kreisleriana versammelt, die während eines Kolloquiums gleichen Titels am 29. November 2007 im Konzerthaus Berlin vorgetragen wurden. Die Veranstaltung fand im Rahmen des Sonderforschungsbereichs »Ästhetische Erfahrung im Zeichen der Entgrenzung der Künste« statt.

Für ihre Hilfe bei der Einrichtung der Druckvorlage und das Erstellen des Registers danken wir Leonie Czycykowski und Marianne Hahn vom Seminar für Musikwissenschaft der Freien Universität Berlin sowie Franka Köpp vom Archiv der Akademie der Künste, Berlin für ihre Unterstützung bei der Auswahl der Abbildungen.

Georg Kreisler selbst hat dem ihm gewidmeten Tag beigewohnt und die Diskussion beobachtet und zugleich bereichert. Daraufhin schrieb er uns das Nachwort für den Band, auch dafür sind wir ihm herzlich dankbar.

Berlin, im März 2009

Michael Custodis und Albrecht Riethmüller

ALBRECHT RIETHMÜLLER

Komponist – Songwriter – Melopoet
Der Künstler Georg Kreisler

I. Dichten als Komponieren

Es ist uns selbstverständlich, davon zu sprechen, dass allenthalben Komponisten, *composers*, *compositeurs* am Werke sind. Doch es wird darüber leicht vergessen, dass die Musik während der meisten Zeit in der Geschichte der westlichen Kultur wenn auch nicht ohne diese Kategorie, so doch ohne diese Bezeichnung hat auskommen müssen. Noch im Barock, also kaum mehr in völliger Ermangelung des uns geläufigen Begriffs des Komponisten, liest man immer wieder vom Melopoeten bzw. *melopoeta*, wenn man bezeichnen will, dass jemand etwas in Musik setzt. In seiner Jugendschrift *De institutione musica* (um 500 n. Chr.), die für die Musiklehre des gesamten Mittelalters autoritativ wurde, gibt der zwar lateinisch schreibende, aber aus dem Griechischen schöpfende römische Philosoph, Theologe und spätere Staatsmann Boethius (Buch I, Kapitel 34) eine Klassifikation dreier Arten von Personen, die sich mit Musik beschäftigen. Zwischen demjenigen, der Musik macht, also dem Performer, den er *cantor* nennt, und dem Musiktheoretiker, dem er allein den Namen Musiker (*musicus*) vorbehält, stehen diejenigen, die Musik verfertigen, also in unserem Sprachgebrauch komponieren, und sie nennt er *poetae*. Er steht damit in der aus der griechischen Antike stammenden Tradition der Bezeichnung *melopoetés*, das heißt einer Person, die ein ›melos‹, also ein Lied schafft. Wenn man versucht, dieses zusammengesetzte Wort genau zu übersetzen, dann landet man bei einem deutschen Ausdruck, den die Verfechter sog. abendländischer Musik in diesem Zusammenhang möglicherweise nicht so gerne hören: Liedermacher. Die parallele englische Übersetzung *songwriter* ist insofern noch genauer, als sie den Singular einfängt (im Deutschen könnte man in althergebrachter Wortbildung analog zu Tuch- und Buchmacher auch Liedmacher sagen); *songwriter* klingt in vielen Ohren wohl auch attraktiver, doch bleibt das abhängig davon, in welcher Sprach- und Kulturumgebung der darüber Urteilende sich jeweils bewegt und in welcher Epoche er es tut. Schon in der Antike wurde Melos in den Grundbedeutungen von Lied und Melodie als Synonym für Musik schlechthin verwendet. Melopoet wiederum war nicht nur das eigentliche, sondern auch das einzige Wort zur Bezeichnung jenes Standes, den wir heute Komponist nennen. Georg Kreisler fügt sich nahtlos ein als Komponist, Songwriter und Melopoet. Sie alle sind letzten Endes dasselbe, sie entfalten dreimal das, was seit je im Zentrum des *Opus musicum*, des musikalischen Geschäfts, lag. Unser Titel könnte daher ohne Substanzverlust auch kurz lauten: »Der Musiker Georg Kreisler«.

II. Dichten und Komponieren

Beim Melopoeten oder Songwriter steht die Verbindung der Komposition der Wörter, der Verse (engl. *lyrics*) und der Komposition der Musik, der Melodie im Vordergrund. Man ist geneigt, sich diese Verbindung idealiter in Personalunion vorzustellen, doch zumindest unter der Ägide des Komponisten als bloßen Tonsetzers oder Tonkünstlers bildet sie eher die Ausnahme als die Regel. Übermächtig dominiert hier die arbeitsteilige Form, die den Musiker zu einem vorfabrizierten Text eines Dichters, zu Versen eines Lyrikers greifen lässt. Das ist leicht zu erkennen beispielsweise am romantischen Klavierlied. Dieses in vielen Musikzirkeln noch heute als Inbegriff von Lied gehandelte musikalische Genre »Kunstlied« verdankt sich durchweg einer Produktion, bei der das Verfertigen der Verse und der Musik voneinander getrennt verlaufen – sei es bei Schubert, sei es bei Schumann oder den anderen Repräsentanten der ersten Komponistengarde. Nicht umsonst wird dabei von Vertonung gesprochen; denn nicht derjenige stellt die Musik bereit, der auch die Verse geliefert hat, sondern der Musiker bedient sich der fremden Wörter, analysiert, interpretiert und – oftmals – popularisiert die Lieder der schreibenden Zunft. Manche Lyrik und mancher Name ihres Verfassers leben nur dadurch weiter, dass ein Musiker sich der Verse angenommen hat. Die Aufhebung dieser Arbeitsteilung wiederum tritt am erfolgreichsten in Bereichen abseits von »Kunstlied« (und Oper) in Bezirken wie dem musikalischen Kabarett, dem *Musical* oder der *Musical Comedy* zutage, wofür als prominente Beispiele nur an Irving Berlin oder Cole Porter erinnert sei.

Unter die Kategorie, dass ein und derselbe Künstler zugleich die Wörter und die Musik verfasst und damit in einem Balanceakt die Kontrolle behält, fällt auch Kreisler. Am Ende hat er das Zusammenfallen von Textkomposition und musikalischem Satz mit Richard Wagner gemein. Im Opernbereich war Wagner darin eher eine Seltenheit; er wollte ein Melopoet sein und war auch einer, er propagierte die Personalunion und hat sogar eine Oper über das Liedermachen geschrieben, die *Meistersinger*. Dabei verachtete er, musikalisch angesehen, die »einfachen« Lieder und schmähte die komponierende Konkurrenz, wenn sie – wie etwa Brahms – darin erfolgreich war, die allerdings auch nicht das Geschick hatte und/oder sich nicht die Mühe machte, die Texte zu den Liedern selbst zu verfassen. Doch gewinnt man auch bei Wagner den Eindruck, dass das Selbst-Liedermachen nicht so richtig funktioniert hat, und zwar sowohl in musikalischer als auch dichterischer Hinsicht. Musikalisch wollte er keine eingängigen Melodien und keine kurzen geschlossenen Formen, wie sie im Liedgeschäft nun einmal unverzichtbar sind, und hohe Poesie wiederum, wie er sie wohl anstrebte und zum Vorbild nahm, konnte er selbst nur selten – wie etwa am Schluss von *Tristan und Isolde* – zustande bringen. Womöglich ist das neben dem immer wachen Giftzahn aus Antisemitismus der Hauptgrund dafür, warum der so potenziert deutsch sich gerierende Schriftsetzer den so virtuosen Verfasser brillanter deutscher Verse, den Autor des *Buchs der Lieder*, einen, wenn wir so sagen dürfen, in der Linie der Stammväter deutscher Lyrik stehenden Heinrich Heine mit so großem Hass verfolgte.

III. Sänger mit der Leier

Weniger der Gedanke an den ›romantischen‹ frühen, wohl aber der an den ins politische Kabarett hineinspielenden späten Heine lässt sich nur schwer unterdrücken, wenn man sich dem Musiker Georg Kreisler nähern will. Doch im Unterschied zu Heine, der nur dichtete, und Schubert und Schumann, die bloß Gedichte vertonten, aber auch zu Wagner, der beides tat und gelegentlich öffentlich (bevorzugt fremde, nicht eigene Musik) dirigierte, ist Kreisler nicht nur für Text und Musik verantwortlich, sondern zugleich auch Performer, und zwar ineins als Sänger und Pianist, ohne dass wir zunächst fragen müssten, ob der Instrumentalist den Gesang oder der Sänger das Instrument begleitet. Auf die Bühne gestellt und verkörpert ist damit der Typus dessen, was man seit der Konstruktion des mythischen Paradigmas Orpheus, dann aber etwa auch im Rückblick auf Homer den Sänger mit der Leier, den Sänger zur Kithara, später der Laute und der Gitarre nennt. Der Typus bleibt selbst dort erfüllt, wo statt jener traditionellen, vom Künstler leicht von Ort zu Ort zu bewegenden instrumentalen Accessoires das sehr viel schwergewichtigere und dadurch immobilere Saiteninstrument Klavier benutzt wird. Die Gitarre bringt der Liedersänger mit, den Flügel findet Kreisler in der Regel am Veranstaltungsort vor. Doch es wird stets derselbe Typus erfüllt, wenngleich es sehr viel schwieriger ist, zugleich zu singen und – auch noch hervorragend – Klavier zu spielen, als zur Gitarre zu singen.
Die Wahl der unterschiedlichen Saiten- und Tasteninstrumente hat überwiegend musikalische, klangliche bzw. klangästhetische Gründe, auch solche

der musikalischen Darbietung. Der Sänger am Klavier gestattet viel weniger die Assoziation des Vagabunden, auch nicht die des minnetollen Barden oder Ständchenbringers. Wie nahe beieinander wiederum der Sänger am Klavier und der zur Gitarre sind, mag man ermessen, wenn man sich einen Sänger zur Orgel ausmalt, also einen Typus, den man vergeblich sucht. Mit den Pfeifeninstrumenten scheint der Typus so wenig zu funktionieren, wie, wenigstens in der westlichen Welt, sich der Typus des Sängers zur Trommel, zum Schlagzeug herausgebildet hat. Womöglich sind die Saiten am Ende doch der Dreh- und Angelpunkt, ob sie nun gezupft oder geschlagen werden.
Und vielleicht hätten wir es gerne, dass, aber wir wissen es nicht – Zweifel sind erlaubt –, ob Homer seine Verse auch singend vorgetragen und dazu ein Instrument benutzt hat. Hingegen wissen wir wenigstens, dass erst in der Einheit aus Herstellung und Performance das entsteht, was wir als das Phänomen Georg Kreisler bezeichnen können.
Die künstlerische Hinterlassenschaft des Musikers und Kabarettisten Kreisler ist neuerdings in der Abteilung Literatur der Akademie der Künste in Berlin verwahrt, der Nachlass seines für kurze Zeit ersten Schwiegervaters, des Kabarettisten und erfolgreichen Filmkomponisten Frederick Hollander (Friedrich Holländer) seit kurzem in deren Musikabteilung. Es ist nicht erforderlich, daraus Spekulationen über die verschiedene Einschätzung von Songwritern anzustellen, bloße Zufälle mögen im Spiel sein. Und doch wird man auf die Tatsache aufmerksam, dass die konventionellen Spartenzuweisungen bei Melopoeten nicht richtig passen, als wären Vertreter des Musico-Literarischen entweder ortslos oder nicht zu katalogisieren bzw. nicht archivierbar. Sie scheinen durch die Raster des bestehenden Systems zu fallen. Mag »die Entgrenzung der Künste« auch noch so sehr in aller Munde sein, hier scheitert schon die einfachste Zusammensetzung am Überkommenen. Doch gerade dieses gibt den Blick frei auf die, wie eingangs angedeutet, ironisch gestellte Frage nach dem Komponisten, Songwriter und Melopoeten Kreisler.

IV. Zwietracht zwischen Sänger und Instrument

George Gershwin hatte in seinem Bruder Ira einen kongenialen Textdichter für seine Melodien, und die beiden konnten Hunderte ihrer gemeinsamen Lieder in engster Zusammenarbeit – hin und her – verfertigen. Genau ein Jahrhundert früher hatte Franz Schubert zwar ebenfalls einen Bruder, aber nicht das Glück, dass dieser Verse dichtete und er mit ihm ein Team hätte bilden können. Was der Ahnherr des ›romantischen‹ Klavierlieds stattdessen an Texten bezog, das waren keineswegs nur Verse von Goethe, Novalis oder Walter Scott, sondern auch Verse der dürftigen bis haarsträubenden Art. Es scherte ihn offenbar nicht (und bei Bach war es, wiederum 100 Jahre früher, nicht anders). Wenn wir, um den Melopoeten Kreisler auszuleuchten, mit einem von Schubert vertonten Lied als erstem Beispiel beginnen, dann geschieht es weder deshalb, um den alten historiografischen Trick anwenden zu können, eine Sache dadurch erhöhen zu wollen, dass man sie in eine prominente Reihe einfügt, noch geschieht es umgekehrt deshalb, um jene andere beliebte musikkritische Wendung zu vollziehen, die in der Suggestion besteht, dass der jüngere Gegenstand durch Hinweis auf das ältere Vorbild diskreditiert wird, sofern dieses das alles schon besser bewerkstelligt habe – Vexierbilder des Ahnenkults zwischen Originalitätspostulat einerseits und Sucht nach Filiation andererseits. Die Absicht ist anders, nämlich darauf hinzuweisen, wie man ungefähr im Jahr 1822 etwas zwar musikalisch ins Auge fassen konnte, aber wie man es im 20. Jahrhundert raffinierter hätte verwirklichen können.

Gemeint ist das Lied *An die Leier* auf einen Text von Franz Seraph Ritter von Bruchmann, von dem Schubert noch eine Handvoll weiterer Gedichte vertont hat. In Wirklichkeit handelt es sich um ein kleines antikes griechisches, genauer gesagt anakreontisches Gedicht, das Bruchmann verdeutscht und mit dem eher ein wenig in die Irre führenden Titel *An die Leier* versehen hat. Erschienen ist es noch zu Lebzeiten Schuberts als op. 56, Nr. 2, und zwar – wie es damals durchaus üblich war – zweisprachig, hier deutsch und italienisch. Etwas später hat Eduard Mörike erneut eine Übersetzung der Verse in Versen vorgelegt, die sehr viel feiner ausgefallen ist. Bruchmann dagegen kam es auf die plakative Wirkung an, nicht auf die Nuancierung des Inhalts.

Thema des Gedichts ist ein Sänger, der von den Heroen der griechischen Mythologie erzählen bzw. sie besingen will. Während er ein Heldengedicht vortragen möchte, gibt es Komplikationen mit seinem Saiteninstrument, denn es versagt ihm den Dienst, es kommt zur Arbeitsniederlegung, zu Verweigerung und Streik. Am Ende setzt das Instrument seinen gegenteiligen Willen durch, dem Sänger bleibt nichts anderes übrig, als das Thema zu wechseln und statt eines Heldenlieds ein Liebeslied anzustimmen. Das Verhältnis des Sängers zu seinem Begleitinstrument kann man sich ganz verschieden personalisiert vorstellen: als Herr und Knecht, Führer und Untertan, Chef und Angestellter oder Mann und Frau (*vice versa*), den Kampf der Beiden als Kampf der Klassen oder der Geschlechter, wenngleich wir uns bewusst sein sollten, dass ein so kleines Gedicht überfrachtet würde, wenn man es gar noch zum Sinnbild einer siegreichen Revolution stilisieren wollte. Andererseits verweist es deutlich auf den prekären Status der musikalischen ›Begleitung‹ und das in den Diskursen oft stillschweigend übergangene Schiefe im Verhältnis von Sänger und Instrument, das zwar vielleicht theoretisch aufgehoben, aber nicht auch praktisch aus der Welt geschafft ist, wenn Personalunion besteht.

Das – kluge – Instrument besteht, wie es in Bruchmanns Versen heißt, darauf: »Doch meine Saiten tönen / Nur Liebe im Erklingen.« Ohne dass es dafür die geringste Stütze in der griechischen Vorlage gäbe, lässt er das gleich dreimal als Refrain hersagen. So gewöhnungsbedürftig diese Wendung als Wortgebilde sein mag, so begierig greift Schubert den Refrain auf und komponiert ihn breit und aufs Einschmeichelndste zu einem sanglichen Liedteil aus. Auf diese Weise erzielt er einen maximalen Kontrast zu dem, was der Sänger zuerst und eigentlich anstrebt: »Ich will von Atreus Söhnen, / Von Kadmus will ich singen!« Man sieht bzw. hört bei Schubert diesen Sänger die Saiten seines Instrumentes so richtig herunterreißen. Er wird zornig. Er versucht, den heroischen Stil zu treffen, aber da er dazu den Widerstand des Instruments brechen muss, klingt das Resultat stattdessen nur garstig.

Schubert verwendet für die beiden Sphären das, was man »Stilzitate« nennen könnte, das heißt Allusionen an bestimmte stilistische Konventionen, die beim Hören Assoziationen gestatten und doch frei erfunden sind. Aus dieser Ausgangslage resultiert die Form des Liedes, nämlich das mehrfache, strophenmäßige Nebeneinanderstellen eines rezitativischen Teils zur Repräsentation des Heroischen und eines Lied- oder Arienteils zur Repräsentanz des Lieblichen. Schubert hatte bestimmt seinen Gefallen an der Selbstreflexion des Liedes, der Reflexion des Sängers über das Liedermachen, aber am Original des anakreontischen Gedichts hätte er wohl achtlos vorbeigehen müssen, da es für ihn nicht genügend Anhalt zur Komposition lieferte. Erst in Bruchmanns Fassung, die keineswegs eine Übersetzung ist, sondern eine Inszenierung – nach der Art, wie ein geschickter Librettist auch bei mäßigem poetischen Talent dem Komponisten ein attraktives Angebot machen kann – waren die Bedingungen erfüllt, damit ein Schubert-Lied hat entstehen können.

Mag man sich auch unter der Masse an Liebesliedern, die im sakralen wie im säkularen Bereich im Laufe der Geschichte nimmermüde verfasst worden sind, geradezu begraben fühlen, so ist es vielleicht doch besser, immer wieder zu ihnen zurückzukehren, als Heldengedichte herunterzusagen, zumal im Bezirk von Komödie und Kabarett, zu deren Aufgabe es nicht gehört, Heroen anzuhimmeln, sondern ihnen den Spiegel vorzuhalten. Mit etwas gutem Willen lässt sich *An die Leier* als Vorschein eines Kabarettliedes auffassen, wobei es nicht die bruchmannschen Wörter sind, die das nahelegen, sondern die musikalischen Mittel, die Schubert bei der musikalischen Umsetzung verwendet.

V. Musik über Musik

Kabarett, ob nun politisch, literarisch oder musikalisch, ist undenkbar ohne Paraphrasieren, Parodieren, auch Verballhornen und Persiflieren, ohne Lieder über Lieder. Das gilt für die angelsächsische Welt genauso wie für Frankreich (nicht nur im Gefolge von Offenbach) und den deutschsprachigen Raum samt dem Wiener jüdischen Kabarett seit dem späten 19. Jahrhundert. Und nach eigenem Bekunden lag dem Musiker Kreisler stets ein Aspekt besonders am Herzen: Musik über Musik. Das Spektrum der Möglichkeiten, Musik über Musik zu machen, ist enorm weit gespannt. Es reicht von der bloßen Allusion über alle Arten des Zitierens bis hin zu komplexen Verfahren musikalischen Bearbeitens und Arrangierens, die aus einem Musikstück x ein anderes Musikstück hervorgehen lässt, ob man dieses nun als x' oder als y auffasst. Letzten Endes lassen sich alle Verfahren des musikalischen Veränderns (Variierens), ja das kompositorische Arbeiten und Bearbeiten als solches in den Horizont der Struktur Musik über Musik stellen.

Am einfachsten und deutlichsten erscheint das in dem Lied »Wo sind die Zeiten dahin, / Als es noch gmiatlich war in Wien«. Zugrunde liegt der erste Satz der unter dem Namen *Sonata facile* bekannten *Klaviersonate C-Dur* von Mozart. Kreisler unterlegt die Sonate mit dem eigenen Gedichttext, textiert also den Sonatensatz, dessen Stimmen er singt. Es handelt sich um die Übersetzung bzw. Rückübersetzung der instrumentalen Form in ein Lied. Mozarts Musik wird aber nicht nur durch Kreislers Text artikuliert, sondern auch durch zusätzliche performative Akte moduliert: durch Kreislers unnachahmliche Singstimme, die den eigenen Text interpretiert, und den pianistischen Vortrag, bei dem das pedantisch Heruntergeleierte der Begleitung die gewöhnliche Verwendung dieses Sonatensatzes als Inbegriff eines Klavierstücks für Anfänger karikiert. Das beispielsweise aus dem *Ave Maria* von Gounod nach dem C-Dur-Präludium aus dem *Wohltemperierten Klavier I* von Bach bekannte Verfahren, aus Instrumentalmusik durch Hinzufügung von Texten Lieder hervorgehen zu lassen, war schon zu Mozarts Zeit selbst geläufig. Es lässt sich ausweiten und vielfältiger anwenden, wenn neben einer Textierung auch bei gleichbleibender Musik Umtextierungen vorgenommen werden oder umgekehrt derselbe Text mit verschiedenen Musikstücken versehen wird. In dem Gestrüpp der Parodie- und Kontrafakturverfahren war es gerade Bach, der die unterschiedlichsten Verfahrensmöglichkeiten vorexerziert hat.

Diese zunächst eher formalen und strukturellen intertextuellen Bezüge zwischen Wort und Musik, aber auch Wort und Wort sowie Musik und Musik lassen sich vor allem semantisch enorm steigern, wenn fallweise individuelle Zitate zugefügt bzw. eingebaut werden, die ebenfalls entweder medial (innerhalb der musikalischen oder der textlichen Ebene) oder intermedial (zwischen Text und Musik) eingesetzt werden können. In dem dichter geknüpften Netzwerk wird das Referenzsystem reicher und bunter, dadurch auch das Angebot an den Hörer, sich allerlei Assoziationen hinzugeben, sowohl eminent vergrößert als zugleich auch stärker kanalisiert. Es ist wie in der Komödie und wie im Film: Die Allusionen und Zitate müssen zwar nicht wiedererkannt werden, aber sie wollen entdeckt sein. Es erhöht das ästhetische Vergnügen und bestärkt den Hörer in dem, was er am liebsten bestätigt bekommt, nämlich seine eigene Kennerschaft. Dass eine Komödie funktioniert, auch wenn die Anspielungen und Zitate nicht mehr nachvollzogen werden können, das zeigt jede heutige Aufführung einer antiken Komödie, etwa von Aristophanes, sofern gewiss fast alles, was damals aktuell war und von den Zuschauern identifiziert werden konnte, längst nicht mehr gewusst wird. (Eigentlich ist es ein Wunder, dass die Stücke noch immer gegeben werden und das Publikum sich an ihnen ergötzt, ohne vom damaligen Kontext, auf den sie sich beziehen, noch eine genauere Vorstellung haben zu können.) Und im Film als besonders anspielungsreichem Genre empfindet wohl niemand einen Mangel, wenn er wenig oder nichts von den hunderterlei, wenn nicht tausenderlei optischen, akustischen und audiovisuellen Verweisen mitbekommt, denen er in den anderthalb oder zwei Stunden ausgesetzt wird. *Der Musikkritiker* lässt sich gewiss auch dann noch als Lied genießen, wenn einmal niemand mehr die darin von Kreisler verwendeten Zitate wahrzunehmen in der Lage sein sollte. Für das Publikum zur Entstehungszeit des *Musikkritikers* und selbst noch das heutige, sofern es sich ein wenig im Repertoire auskennt, steht es außer Frage, die absichtlich hergestellten Bezüge als den Kick der Angelegenheit zu begreifen. An der herbei zitierten Musik findet nicht nur das Assoziationsbedürfnis semantische Nahrung, sondern die Musik über Musik, die dabei entsteht, dient auch dem Humor, sofern sie den Stoff für Witz und Pointen liefert.

Im *Musikkritiker* ist die Geschichte eines Menschen erzählt, der, von Hause aus musikalisch unbegabt, wenn nicht eigentlich musikophob, durch einen Schicksalsschlag den Beruf des Musikkritikers ergriffen hat. An der entscheidenden Stelle des Entschlusses zur Berufswahl textiert Kreisler den Beginn der c-Moll-Symphonie von Beethoven, der *Schicksalssymphonie* und skandiert die markanten Anfangstakte auf die Worte »Ich sagte ja, / Und es geschah«. Es versteht sich von selbst, gehört jedoch nicht in den hier verfolgten thematischen Horizont, dass das heillos verquere Verhältnis zwischen Künstler und Kritiker den Autor der bösen, der bitterbösen Lieder zu spitzester Feder hat greifen lassen, um den Typus des selbsternannten Experten in Sachen Musik zu glossieren. Das Zusammenwirken von Text und Musik im Kreisler-Lied mag eine Passage erhellen, die auf die Jugenderfahrungen des in Frage stehenden Matadors der Musikkritik eingeht und erneut die Herleitung dieser Fehlbesetzung vor Augen führt (entnommen dem 2005 bei S. Fischer in Frankfurt a.M. erschienenen Gedichtband *Leise flehen meine Tauben*, S. 52f.):

> Als Kind hab ich zwar Klavier gelernt
> und übte brav zu Haus,
> doch über gewisse Stücke kam ich nie hinaus.
> Dann hab ich auch noch Geige gelernt
> und übte brav und viel.
> Und dann ist mein Geigenlehrer gestorben
> und hat mir sein Geld vermacht –
> unter der Bedingung, dass ich nie mehr spiel.
> Aber etwas musste ich schließlich tun,
> so versuchte ich es als Autor,
> und ein Verleger, zu dem ich kam,
> flüsterte mir ins Ohr:
> Schreiben Sie doch ein Buch über Schubert!
> Schreiben Sie doch ein Buch über Schubert!
> Also ging ich froh nach Hause,
> setzte mich nieder, und ich schrieb:
>
> Schubert war ein irrer, großer Komponierer.
> Er hat nie viel Geld gehabt,
> also ist er heute der Verlierer.
> Er schrieb gar viele Töne,
> sicher auch wunderschöne,
> für mich sind sie leider bestialisch,
> denn ich bin ganz unmusikalisch.

Bei den musikalischen Zitaten ist es viel weniger entscheidend, ob es sich um Eigen- oder Fremdzitate handelt, sondern ob sie bekannt, also im raschen Hörvollzug zu erkennen sind. Unbekanntes zu zitieren, erhöht die artifizielle Köstlichkeit – Flaubert war darin nicht weniger meisterlich als Joyce –, hat aber den Nachteil, esoterisch zu werden und bloß geduldigen Philologen Freude zu bereiten, denn die unmittelbare Wirkung verpufft. Es lohnt sich, in die Vollen zu gehen, und Kreisler spart in diesem Teil des Liedes nicht damit. Schumanns *Fröhlicher Landmann* aus dem *Album für die Jugend* macht die Klavierstunde hörbar, Dvořáks *Humoreske* begleitet den Tod des Geigenlehrers, und der Beginn der Niederschrift des Schubert-Buches erfolgt zu dem *Moment musical* f-Moll in ähnlicher Weise der Textierung, wie sie bei der *Sonata facile* zu beobachten war. Die formale Einheit wird durch den Fluss der Erzählung hergestellt, aber auch musikalisch kennt dieser Stil, wie Kreisler ihn pflegt, alles, nur nicht die Kategorie des Stilbruchs. Tendenziell muss man in jedem Moment jede Art von Musik gewärtigen. Der Zweck der Verweise liegt nicht nur in der Freude des Wiedererkennens der Zitate, sondern auch in der Unterstreichung des Narrativen, indem Bilder aus der Realität des Lebens des Musikkritikers evoziert bzw. widergespiegelt werden. (Dass es sich um eine fiktive, imaginierte Realität handelt, tut dem keineswegs Abbruch.) Es kommt also nicht allein auf die Zitate als solche an, sondern darauf, mit diesen *objets trouvés* etwas anzustellen, sie produktiv zu machen. Das Pingpong-Spiel vollzieht sich zwischen dem Text, der auf die Musik verweist und der Musik, die auf den Text verweist. Daraus wird kreativer Gewinn geschöpft, und zwar speziell auch für die musikalische Ebene.

Bei diesem Pingpong-Spiel mag sich die alte und im Umkreis von Musik, Text und Vertonung – einem verräterischen Ausdruck – durchaus wie eine ausgepresste Zitrone stets wieder gestellte Frage nach dem zeitlich Vorhergehenden und in der Bewertung Vorrangigen aufdrängen (»prima la musica, dopo le parole« oder umgekehrt). Im Falle von Kreisler ist sie hinfällig, denn wegen der Personalunion wird die zeitliche Dimension des Früher und Später irrelevant und endgültig sinnlos (selbst wenn der Sachverhalt eindeutig rekonstruierbar wäre), und noch lächerlicher wäre es, den Melopoeten in seine Bestandteile auflösen und die Fragmente hierarchisieren zu wollen. Kreisler als Texter, Komponist, Sänger und Pianist ist nur als Ganzes zu haben. Es liegt wohl kein bloßer Zufall darin, dass das Gedicht-Ich, dieser musikferne Wicht, ausgerechnet ein Buch über den Songwriter schlechthin zu schreiben anfängt, wobei er nicht einmal selbst den Einfall dazu hat, sondern ihn von einem Verleger eingeflüstert bekommt. Schon beim ersten Satz der Monografie stehen einem ob der schriftstellerischen Wucht die Haare zu Berge, wenn »ein irrer, großer Komponierer« beschworen wird (um der Alliteration willen und um sich auf »Verlierer« zu reimen), während wir doch wissen, dass dieser Grünschnabel der Musikbuchindustrie, über den der Geist als Hauch gekommen ist, noch nicht einmal Schuberts Lieder, umgangssprachlich gesagt, irre gut finden kann.

VI. Le gesamtkunstwerk (*Opernboogie* I)

Alle Facetten von Musik über Musik, Lieder über Lieder, Opern über Opern, Text über Musik, Musik über Text funkeln in einem Lied mit der Überschrift *Opernboogie*, daneben enthält es weitere Reflexionsebenen wie das Räsonieren des Publikums über die Aufführung oder des Autors über sein Werk. Wie die meisten Lieder von Kreisler benötigt *Opernboogie* viel Text in kurzer Zeit. Schon das unterscheidet ihn von der konventionellen Opernarie.

Daran ändert sich prinzipiell auch nichts dadurch, dass bei ihm neben den gesungenen Partien gelegentlich gesprochene zu finden sind, die den textaufwendigen Opernrezitativen gleichen. Verfasst wurde das Lied anlässlich des Wiederaufbaus der Wiener Staatsoper, die 1955 unter der musikalischen Leitung von Karl Böhm mit *Fidelio* wiedereröffnet worden ist. Es soll Stimmen gegeben haben, die das Lied als schändlichen Anschlag auf ein Haus aufgefasst haben, das Kulturinstitution und Nationaldenkmal in einem war, als hätte der Songwriter dazu aufgerufen, die Opernhäuser in die Luft zu sprengen, womit wiederum der Komponist Pierre Boulez ein gutes Jahrzehnt danach Furore machte. Mehr noch, es wurde nach der Ausbürgerung des Nestbeschmutzers gerufen, doch gerade das blieb ein Ding der Unmöglichkeit; denn es war Kreisler schon 1938 widerfahren und wurde von Staats wegen nie widerrufen. Diejenigen, die ihren Widerstand gegen ein Lied mobilisierten, das sich seinem Inhalt nach allein mit der Oper beschäftigt, spürten wohl nur zu genau, dass sein Appell zusätzlich in eine andere Richtung wies. Es ließ durchblicken, dass die Restaurierung eines Opernhauses – womöglich in der Intention, alles beim Alten zu lassen und auch das Personal nicht auszutauschen – nicht zureichend sei, um mit einer Vergangenheit ins Reine zu kommen, die Hitler und den Holocaust einschloss. Vielleicht spürte man, dass der heimische Melopoet mit amerikanischem Pass in seinem Opern-Spaß insgeheim zu einer alternativen Oper, womöglich Antioper aufrief, jedenfalls zum Umdenken erzog oder für Umerziehung plädierte. Nichts jedoch empfanden gerade auch Gebildete voller Kultur- als Nationalstil als ungebührlicher und größere Zumutung, als über Reedukation nachdenken zu sollen. Der Glaube an die eigene kulturelle Suprematie war der Panzer, der davor schützte, sich der jüngeren politischen Vergangenheit stellen zu müssen. Je fester man sich an die Wiener Oper als Staatssymbol klammerte, je braver man an den längst verkrusteten Ritualen der Opernabende und Inszenierungen festhielt, desto leichter konnte man anderen und sich selbst weismachen, dass die letzten beiden Jahrzehnte nichts weiter waren als ein schlechter Traum.
Das Gedicht-Ich berichtet davon, dass es eine Oper komponiert hat, die nun ihre festliche Aufführung in einem großen Haus erfährt. Es ist eine Ritter-Oper, also ein romantischer Stoff. Die Liste der handelnden Personen wird vorgestellt. Das Arrangement ist irrsinnig komisch, das Genre der dreiaktigen Oper zutiefst tragisch. Wir erfahren vom Inhalt aller Akte und dem Verlauf der Aufführung einschließlich der beiden Pausen, in denen das Publikum in Pausengesprächen – einer vernachlässigten und weit unterschätzten Spezies der Diskurse über Kunst und Musik – über das Gehörte und Gesehene zu Gericht sitzt (samt anderen gesellschaftskommunikativen Notizen). Bis zum Ende des dritten Aktes kommen alle Protagonisten um.

Abb. 1: Opernboogie *(Ausschnitt).*
Undatiert, erstmals erschienen auf dem Album Unheilbar gesund *(1965).*
Berlin, Akademie der Künste, Georg-Kreisler-Archiv 418/VI, S. 36

Der Applaus ist gewaltig, Verwicklungen stellen sich ein, schließlich stürzt das Opernhaus zusammen, wie man es von mangelhaft gesicherten Zirkuszelten her kennt. Wer das Lied einmal gehört hat, wird – neben anderem – wenigstens zwei Momente der Dialoge zwischen den Akten nicht mehr aus dem Gedächtnis streichen können, sie werden ihn (wie den Verfasser dieser Zeilen über bald ein halbes Jahrhundert hinweg) gewissermaßen als Ohrwürmer wie Bibelsprüche begleiten. Die erste Aussage samt Kommentar lautet: »Was halten Sie von seinem hohen C? / Das war doch kein C, das war ein B!« Dem entnehmen wir, dass es nicht gut bestellt ist um die Grundlage des Beurteilens von Musik, das »Tonurteil«. Die zweite kreist um den Dünkel, mit dem das eine künstlerische Genre über das andere gestellt wird. Kreisler verkehrt die seiner Zeit gewöhnlichen Erwartungen an den Kulturträger Oper gegenüber dem populären, aber eben deshalb kulturell geringer veranschlagten Medium Film und erklärt diesen zum erstrebenswerteren Ziel: »Ich halt' die Oper für geschwollen. / Wir hätten ins Kino gehen sollen«.

Das Prinzip Musik über Musik lässt sich am besten in dem Dreischritt am Schluss des Liedes beobachten. Der Schilderung der immer turbulenteren, immer chaotischeren, schließlich tödlichen Begebenheiten des dritten Aktes folgt in einer zweiten Klimax die unmittelbare Reaktion auf die eben erlebte Vorstellung, ehe ein räsonierender Epilog das Selbstlob des Gedicht-Ichs als des Opernkomponisten schlechthin artikuliert (übertragen nach der Singstimme im Faksimile der Partitur in Nr. 4 der Notenausgabe der Lieder in Kreislers Eigenverlag, erschienen 2000):

> Der dritte Akt, der bringt die Spannung auf ein Maximum.
> Der Ritter hat sich zwar aufgehängt, doch spukt er als Geist herum.
> Die Ritterin, die mag ihn nicht als Geist oder als Toten,
> denn erstens ist er ihr unsympathisch und zweitens ist spucken verboten.
> Da singt sie: Nur der Schönheit weih' ich mein Leben – und stirbt.
> Und ihr Bruder singt: Lache, Bajazzo – und stirbt.
> Der Dirigent singt: Oh, wie so trügerisch sind Frauenherzen – und stirbt.
>
> [gesprochen:] Endlich sind alle tot,
> was niemanden geniert.
> Das Publikum ist nur halbtot,
> also wird etwas applaudiert.
> Plötzlich geht der Vorhang auf.
> Was hat sich begeben?
> Der Ritter, die Ritterin, Mutter, Bruder
> alle sind wieder am Leben.
> Das Publikum wird wild und schreit: Wo ist der Schwan?
> Der Ritter wird melancholisch und heiratet den Sopran.

Der Regisseur verbeugt sich tief, der Dirigent noch tiefer.
Der Bruder lächelt zu viel und verstaucht sich seinen Kiefer,
die Herren und Damen des Chors, die wälzen sich auf der Erde,
der Rappe ist eine Rappin und kriegt drei kleine Pferde.
Ein Zahnarzt springt auf den Trompeter und schaut sich seinen Gaumen an.
Der Konzertmeister wird wahnsinnig und zündet seinen Daumen an.
Das Publikum stürmt die Bühne und brüllt nach Autogrammen.
Es wird geschrien, gejohlt, getobt, und das ganze Haus bricht zusammen.

Na, ist das nicht besser als Liszt und Puccini,
Chopin, Schostakowitsch, Ravel, Paganini,
Gounod, Debussy oder Leoncavallo,
und Smetana, Schubert, Suppé und De Falla,
Menotti, Rossini, Rachmaninoff, Händel,
Vivaldi und Weber, Scarlatti und Mendelssohn,
Gluck, Donizetti und Glinka und Delius,
Bruckner, Respighi, Tschaikowsky, Sibelius?
Meine Oper ist besser als deren.
Meine Oper, die muss sich bewähren,
denn meine Oper ist feurig und wild.
Meine Oper ist die schönste von allen,
meine Oper wird allen gefallen,
denn meine Oper wird nirgends gespielt.

Kreisler nimmt sich nicht die Zeit, seinen Protagonisten nach hergebrachtem Opernbrauch im letzten Akt einen ausgedehnten, qualvoll-schönen Belcanto-Tod zu bescheren. Sie sterben kurz und bündig und in Serie, jeder sowohl in Text als auch Melodie ein Wort als Zitat aus einer bekannten Oper auf den Lippen, stamme es nun von Verdi, Leoncavallo oder Puccini. Die kurzen musikalischen Allusionen verweisen auf die Intention, alle möglichen Opern in eine zu inkorporieren. Praktisch angesehen mag das einfach lustig sein, theoretisch ist es höchst anspruchsvoll, nämlich der Intention nach die Summe des Repertoires. Doch das Fiasko mit der natürlich völlig sinnlosen Todesserie im Schlussakt der Oper wird noch gesteigert durch das völlige Chaos, in den der nachfolgende Applaus mündet. Hinter dem Ende der Oper mutiert die Performance vollends zu einem surrealistischen Manifest und einem Stück absurden Theaters. Nachdem die Oper auf diese Weise Schiffbruch erlitten hat, steht die Konklusion, der Epilog noch aus. Am Ende seines so sehr berühmt gewordenen Gedichts über die Sirene auf dem Rheinfelsen hat Heine sich auf zwei Zeilen beschränkt, um in vieldeutigster Ironie einer Sirene als Künstlerin den schwarzen Peter dafür zuzuschieben, dass der Schiffer mit seinem Kahn abgesoffen ist: »Das hat mit ihrem Singen / Die Lorelei getan.« Heine hatte das Geschehen zuvor aus der Perspektive des Unglücksraben geschildert und springt im Epilog aus ihm heraus in die neutrale Beobachtung. Kreisler hingegen lässt seinen Künstler – den Verfasser der imaginären Oper – selbst die Konklusion ziehen und stattet sein Ego mit dem Gefühl wahnwitziger Omnipotenz aus. Die Oper aller Opern, die die Oper zerstört, stammt vom Komponisten aller Komponisten, dessen Macht viel weiter reicht als die einer billigen Wassernixe – wir sprechen, wohlgemerkt, über einen Komponisten, nicht über eine Komponistin –, der als Genie daher nur ein Gott sein kann. Damit sind alle Ingredienzen des denkbar höchstmögenden Gesamtkunstwerks beisammen, das sich selber verzehrt und im Untergang erfüllt.

VII. Stückwerk-Technologie (*Opernboogie* II)

Es soll – möglicherweise – bloß eine Allusion, bloß ein Wort über ein Wort oder ein Gedanke über einen Gedanken sein, wenn der durch Karl R. Popper bekannt gewordene Ausdruck Stückwerk-Technologie bemüht wird, um der Faktur des *Opernboogie* näherzutreten. Bei dieser Adaptation soll freilich abseits der philosophischen Bedeutung des Ausdrucks die in ihm als Nebensinn gelegene Wendung gegen Holismus und Totalitarismus nicht aus den Augen verloren gehen.
Der 2005 bei Scherz in Frankfurt a.M. von Hans-Juergen Fink und Michael Seufert vorgelegten Kreisler-Biografie ist eine CD mit frühen, noch in den USA entstandenen und aufgenommenen Liedern beigegeben. Sie entstammen einer 1947, also vor mehr als zwei Generationen hergestellten Schallplatte. Darunter findet sich *My Psychoanalyst is an Idiot*. Es war die Zeit, in der in der amerikanischen Gesellschaft Psychoanalyse freudscher Provenienz zum Thema wurde und damit auch von aktuell reagierenden Künstlern – Kabarettisten, Literaten, Filmregisseuren (wie etwa 1945 von Hitchcock in *Spellbound* oder 1948 von Litvak in *The Snake Pit*) aber noch kaum von Musikern – im Rahmen der *popular culture* aufgegriffen worden ist. In Europa war das sei es unter den Auspizien von Hitler, sei es denen von Stalin, noch unvorstellbar, und das intellektuelle Klima im Nachkriegsdeutschland beließ es, von Ausnahmen abgesehen, bis weit hinein in die 1960er-Jahre dabei, den Namen Freud eher unter vorgehaltener Hand zu nennen, und dieses gerade auch im intellektuellen Leben bzw. an Universitäten.
Der Schluss des Liedes über den Psychoanalytiker enthält ein Reizwort für jeden Psychotherapeuten, das bei Kreisler stets wieder aufscheint und zu seinen Leibwörtern zu gehören scheint. Das Fazit des Klienten, aus dessen Perspektive das Lied geschildert ist, legt dem Doktor die abschließende Diagnose in den Mund: »You are normal«. Wirken kann dieses Statement als

Pointe nur, wenn zuvor das genaue Gegenteil zur Darstellung gekommen ist. Und tatsächlich baut Kreisler ein psychologisches Schreckensszenario, ein psychotherapeutisches Gruselkabinett auf, das turbulenter und turbulenter, immer atemloser wird und der Agonie zutreibt, ehe der geschürzte Knoten durch den Hinweis aufs Unauffällige zerschlagen wird. Der Text kann einiges zur Steigerung der Aufregung beitragen, die Musik sie erst recht erlebbar werden lassen. Die Schilderung des dritten Akts im späteren *Opernboogie* folgt nicht nur denselben Strategien des Aufbaus – »You are normal« entspricht exakt »Und das ganze Haus bricht zusammen« –, sondern die Passagen enthalten *grosso modo* auch dieselbe Musik. So funktioniert Musik über Musik, hier Kreisler über Kreisler.

Wenn man den *Opernboogie* kennt (was vielerorts der Fall sein dürfte) und dann das frühere Lied *My Psychoanalyst is an Idiot* hört, dann ist es leicht möglich, dass man hier den Kehraus vermisst, der sich als Selbstlob des Opernkomponisten durch die Aufzählung der Komponistennamen, aber ebenso musikalisch markant einprägt. Die reflexive Ebene eines solchen Nachspiels oder Kommentars stimmt, nebenbei gesagt, besonders gut mit der ebenfalls reflexiven Struktur Musik über Musik zusammen. Der Epilog des *Opernboogie*, der am Ende von *My Psychoanalyst is an Idiot* (noch) nicht zu finden ist, lässt sich trotzdem eruieren, allerdings an einer Stelle jenseits von Kreisler selbst. Kurt Weill hat in sein 1941 zum ersten Mal gegebenes Musical *Lady in the Dark*, zu dem auch Ira Gershwin Lyrics verfasst hat, ein Lied mit dem Titelhelden *Tschaikowsky* eingerückt. Ira Gershwin war als Textdichter für Verse zu Musicals überaus begehrt, nachdem sein Bruder George in noch jungen Jahren 1937 überraschend gestorben war. Die Komponisten rissen sich umso mehr um ihn, als neben seinem so bemerkenswerten Talent, Lyrics zu ersinnen, ihm die so erfolgreiche engste Kooperation mit seinem Bruder George, dem unbestrittenen und beneideten Marktführer im Geschäft von Liedern und Musicals, einen gewaltigen Erfahrungsvorteil beschert hatte und wie ein Erfolgsversprechen erscheinen musste.

In dem Lied aus *Lady in the Dark* sollen in 39 Sekunden 49 russische Komponisten aufgesagt bzw. hergesungen werden. Ira berichtete später – schelmisch, wie er es nun einmal war –, dass der Sänger Danny Kaye im Auftrag des International Children's Emergency Fund der UN, also dessen, was heute UNICEF heißt, auf Tournee ging und es in Barcelona auf 36 Sekunden gebracht hat, gefolgt von dem letzten Konzert in Madrid, in 31 Sekunden. Ein gewisses sportives Moment in der musikalischen Performance gehört zum artistischen Milieu und ist auch Kreisler, gerade im gegebenen Zusammenhang, alles andere als fremd (wofür man keineswegs sportlich sein muss). In seiner mit Copyright von 1959 zum ersten Mal 1977 bei Elm Tree Books/Hamisch Hamilton in London erschienenen annotierten Gedichtsammlung *Lyrics on Several Occasions* weiß Gershwin jedoch noch mehr zu berichten (S. 187f.). Das Gedicht sei schon 1924 öffentlich bekannt geworden, die Musik seines Bruders dazu sei aber verloren gegangen und Weill zum Nutznießer des Textes geworden. Er gibt die Verse so wieder:

TSCHAIKOWSKY
(and Other Russians)

Without the least excuse
Or the slightest provocation,
May I fondly introduce,
For your mental delectation,
The names that always give me brain concussion,
The names of those composers known as Russian.

Refrain

There's Malichevsky, Rubinstein, Arensky and Tschaikowsky,
Sapelnikoff, Dimitrieff, Tscherepnin, Kryjanowsky,
Godowsky, Arteiboucheff, Moniuszko, Akimenko,
Solovieff, Prokofieff, Tiomkin, Korestchenko.
There's Glinka, Winkler, Bortniansky, Rebikoff, Ilyinsky,
There's Medtner, Balakireff, Zolotareff and Kvoschinsky.
And Sokoloff and Kopyloff, Dukelsky and Klenowsky,
And Shostakovitsch, Borodine, Gliere and Nowakofski.
There's Liadoff and Karganoff, Markievitch, Pantschenko
And Dargomyzski, Stcherbatcheff, Scriabine, Vassilenko,
Stravinsky, Rimsky-Korsakoff, Mussorgsky and Gretchaninoff
And Glazounoff and Caesar Cui, Kalinikoff, Rachmaninoff,
Stravinsky and Gretchaninoff,
Rumshinsky and Rachmaninoff,
I really have to stop, the subject has been dwelt upon enough!

Bei Würdigung dieses Textes von 1924 sollte nicht in Vergessenheit geraten, dass es gerade einmal 30 Jahre her war, dass die Eltern von Ira und George kurz vor deren Geburt aus Russland immigriert waren. Die Familie hieß Gershowitz. Ira erzählte später, dass ihm die Namen der 49 Komponisten nur zum Teil bekannt waren und er die restlichen aus allerlei Verzeichnissen in Notenausgaben zusammengeklaubt hatte. Immerhin trat, wie der Zufall es will, einer von ihnen – Godowsky – aus dem Schatten seiner papierenen Namensexistenz heraus und wurde Iras Schwager. In Kreislers *Opernboogie* ist die Riege der russischen Komponisten gegen eine Serie von Opernkomponisten vertauscht, aber das ändert nichts am, sondern bestätigt nur das Prinzip Lieder über Lieder. Kreisler greift tatsächlich zu Weill, während es einstweilen spekulativ bleiben muss, ob Weill nicht auch zu George gegriffen hatte, als er sich den Text von Ira vornahm. Musik über Musik spielt sich gerne auch in Kettenreaktion ab.

In dem Flechtwerk kreativer musikalischer und musico-literarischer Bearbeitung lassen sich nicht nur ganze Stücke, einzelne Teile und ausgiebige individuelle Zitate finden. Die reflexive Struktur Musik über Musik, die sich zudem permanent zwischen Text und Musik hin und her bewegt, kann auf den geringsten Mitteln beruhen. Es reicht gegebenenfalls ein einziger Ton, ein einziger Schlag, damit sie sich ergibt und der Zuhörer entsprechend Gewinn daraus ziehen kann. In der zweiten Strophe von *Der General* – nicht der stampfenden Lokomotive als Helden von Buster Keaton, sondern einem im Gleichschritt paradierenden österreichischen Militär als Helden einer der *Nichtarischen Arien* von Kreisler – wird zweimal auf dem Text »Links, zwei, drei, vier, fünf« vorangegangen. Der überschüssige Schritt bringt die Angelegenheit im rhythmischen wie im moralischen Sinne aus dem Takt und gibt den hehren Offizier als völligen Trottel der Lächerlichkeit preis, während er, wie im Text erklärt ist, »im Takt marschiert«.

Kreislers Doppelalbum *Everblacks* enthält Live-Aufnahmen eines Konzerts, das 1971 in Stuttgart stattgefunden hat. Bemerkenswert sind die Reaktionen des Publikums, die Positionen der Lacher während des Vortrags. Es handelt sich nur um einen Fingerzeig, keine objektive Größe, zumal da statistisch verwertbare Vergleichsmengen fehlen und Publiken orts- und situationsabhängig reagieren. Auffällig bleibt es dennoch, dass das Publikum offensichtlich stärker auf Wortpointen achtet als auf musikalische. Der musikalische Witz der beiden Fünfertakte löst kaum eine Reaktion aus, während der direkt anschließende Kommentar »Na ja, er ist a General, / Da ist der Schaden schon total« mit einer Lachsalve quittiert wird.

Das Vergnügen des konterkarierten Gleichschritts wird, wie es scheint, nur ein paar Spezialisten zuteil. Vielleicht war dieses Publikum um 1970 dem Marschieren schon so entwöhnt, dass es seine Ironisierung nicht mehr bemerkt hat. Das wäre ein Rettungsversuch, und der Vorgang würfe ein Schlaglicht auf die damalige Gesellschaft. Wahrscheinlicher indessen dürfte es sein, dass musikalischer Witz, und mag er noch so grob, das heißt elementar und fundamental sein wie hier, für die meisten Ohren zu fein ist, um mit dem Wortwitz Schritt halten zu können. Eingedenk der Tatsache, dass es sich bei diesem Beispiel um eine Anwendung der Struktur Musik über Musik handelt, wie sie einfacher und drastischer kaum sein könnte, zeigt sich auch, dass ihre raffinierteren, subtileren Anwendungen vermutlich nur dann noch wirksam werden, wenn sie mit Vorsicht, sorgfältig und gezielt eingesetzt werden, wozu besondere Kompositionskunst aufgewendet sein muss. Kreisler musste stets darauf achten, dass hier der Faden zum Publikum nicht reißt, ohne umgekehrt sich und die Hörer zu vertäuen. Und etwas vom Bewundernswertesten an seiner Kunst ist der Drahtseilakt, der permanent zwischen Wort auf der einen und Musik auf der anderen Seite vollzogen werden muss. In dem Artistischen und der Virtuosität dieser Balance liegt der Genuss, den wir empfinden. Kreisler ist dabei nie abgestürzt, und er ist, anders als sein General, nie aus dem Takt gekommen oder je taktlos geworden.

VIII. Helldunkles Rampenlicht

Die Schlusszeile »denn meine Oper wird nirgends gespielt« enthält die allerletzte Pointe, die das ganze zuvor ausgebreitete Opern-Spektakel krönt und zugleich wieder aufhebt, das heißt zunichte macht. So, wie Mallarmé in seinem Projekt *Le livre* vindiziert hatte, alle Bücher in sich zu begreifen und über sie hinauszugehen, so prätendiert Kreisler im *Opernboogie*, alle Opern einzuschließen und hinter sich zu lassen. Doch die Apotheose hin zur gedachten Oper der Opern – einmal mehr dem Traum von le gesamtkunstwerk, diesmal auf die Schippe genommen – ist nur zu haben durch Kollaps des Aufführungsforums und nun noch durch Absenz der Sache selbst. Die Schlusspointe ist keineswegs bloß ein Lacher, sie ist grundiert von der Sorge eines jeden kreativen Künstlers, dass sein Produkt ungehört verhallt, mehr noch, dass es nie über die eigene Schreibtischschublade hinaus ans Licht der Öffentlichkeit tritt. Da bleibt der Spaß im Halse stecken und lauert der bittere Ernst, von dem die *alten, bösen Lieder* von Kreisler allemal begleitet sind.
In den ersten Jahrzehnten nach dem Zweiten Weltkrieg herrschte unter den Komponisten der Avantgarde eine fast dogmatische, strikte Aversion gegen die Oper. Mit der Zeit ließ sie nach, übte das Opernhaus seine magische Anziehungskraft wieder auf sie aus, gelegentlich unter der Umetikettierung Musiktheater schamhaft versteckt. Die Lösungswege waren individuell und verschlungen. Boulez kündigte über Jahrzehnte hinweg und mit wechselnden Librettisten sein *opus magnum* für die Opernbühne an und beließ es bis heute dabei (wie ein Jahrhundert zuvor schon Brahms). Stockhausen wiederum trat die Flucht nach vorne an und verschrieb sich in den letzten drei Jahrzehnten seiner Heptalogie *Licht*, mit der er den *Ring* wenigstens ums Doppelte vergrößerte. Ob es ihrem nur wenige Jahre älteren Kollegen Kreisler, als er einstmals den *Opernboogie* ersann, wohl bewusst war, dass auch er Jahrzehnte danach mit Opern ans Licht treten würde? Sie sind bekannt geworden. Aber wer nimmt Notiz von seiner Instrumentalmusik, etwa von dem vor einem halben Jahrhundert entstandenen Klavierkonzert? Es sprudelt vor Einfällen, die sich in ungewöhnlich freier Form ihren Weg durch aparte Klanglandschaften bahnen, und hebt sich wohltuend von so mancher Dutzendware

dieses instrumentalen Genres in seiner Zeit ab, die noch immer traktiert und zu Gehör gebracht wird. Erhalten ist zwar eine Studioproduktion mit dem Pianisten Herbert Heinemann und dem Hamburger Rundfunkorchester unter dem Dirigenten Hans Ritter aus dem Jahr 1961, aber eine öffentliche Aufführung ist nie zustande gekommen. Denn sein Klavierkonzert wird nirgends gespielt.

MICHAEL CUSTODIS

Gedanken über Musik in Georg Kreislers Texten

Lässt man für einen Augenblick den hier gewählten Titel – »Gedanken über Musik in Georg Kreislers Texten« – auf sich wirken, so ist unschwer die Absicht zu erkennen, Musik und Texte Kreislers miteinander in Beziehung zu setzen. Vielleicht denken manche beim Stichwort der Musik zunächst an bestimmte Melodien, an kurze Figuren in seinem Klavierspiel oder eine besondere Stimmung eines seiner vielen Lieder. Mit Blick auf die Fülle von Stilen, Genres und Formaten, die der Komponist Georg Kreisler in seinem Werk vereint, ist vorab zu konstatieren, dass der Begriff ›Musik‹ in den folgenden Ausführungen deshalb weit gefasst ist und von seinen Songs bis zu Kommentaren zum Wesen und zur Funktion von Musik reicht.

Um andeuten zu können, wie wenig sich sprachlich gefasste Motive zur Musik auf eine Textart beschränken, ist auch das Verständnis dessen, was ›Text‹ bei Kreisler bedeutet, bewusst offen gehalten und mit exemplarischen Liedzeilen und Passagen aus einem Roman sowie einer autobiografischen Schrift vertreten. Neben seinem hintergründigen und bisweilen sarkastischem Humor scheint als roter Faden in Kreislers weit verzweigtem künstlerischen Schaffen vor allem seine Überzeugung auf, gesellschaftliche Schattenseiten und menschliche Schwächen zu benennen und zu karikieren, anstatt sie mit ohnmächtiger Zurückhaltung hinzunehmen. Seine Kunst entfaltet gerade dadurch ihre besondere Wirkung, dass trotz der Eindeutigkeit vieler Themen manche Schlussfolgerungen unausgesprochen bleiben.

Georg Kreislers Musik ist eng mit seinen Texten verknüpft, so dass er landläufig vor allem mit den vielen Hundert Songs, die er im Laufe seines Lebens schrieb, assoziiert wird. Wirft man aber einmal einen genaueren Blick auf die Vielfalt der von ihm vorgelegten Texte, stößt man dort auf zahlreiche grundlegende Gedanken zur Musik, in denen er zugleich Spuren seines künstlerischen und persönlichen Selbstverständnisses hinterließ. Viele Texte, gesungene und gesprochene, nehmen immer wieder Bezug auf Klang und Musik. Ob alle diese Spuren – insbesondere in den fiktionalen Texten – immer mit seinen persönlichen Überzeugungen gleich zu setzen sind, ist eine Frage, die vielleicht nur er selbst beantworten kann. Mit Sicherheit führte eine solche Unterscheidung faktischer und fiktionaler Anteile aber am eigentlichen Kern von Kreislers Ästhetik vorbei, da seine musikalische und sprachliche Formulierungskunst gerade aus der Überlagerung von Bedeutungs- und Realitätsebenen ihre Faszination gewinnt. Vermutlich enthalten einige in der Ich-Form abgefasste Songtexte viel größere Distanz und wiederum einige von Romanfiguren vorgebrachte Überzeugungen viel persönlichere Motive, als von Lesern und Hörern ohne weiteres beurteilt werden kann. So antwortet der Kriminalassistent Whitney im Roman *Der Schattenspringer* (1998) seinem Chef Connally auf die Frage, was der mordverdächtige Autor und Freund des Kommissars wohl mit einer Äußerung gemeint haben könnte:

> »Was er meint, weiß ich nicht«, gestand Whitney, »auch in seinem Roman sagt er nie, was er meint. Er sagt lediglich, was er denkt. Meinungen überläßt er dem Leser. Vielleicht sollten Sie den Roman lesen, Sir.« »Ich werde mich hüten«, erklärte Connally, »ich bin jetzt vierzig Jahre lang mit ihm befreundet, weil ich nie ein Wort von ihm gelesen habe. Warum sollte ich das ändern, gerade jetzt, wo er einen Freund braucht?«[1]

Nimmt man einige seiner Texte zu Hilfe, um zu beleuchten, was ›Musik‹ bei Georg Kreisler bedeuten kann, lässt sich zugleich ein Eindruck davon gewinnen, wie er Klang und Musik in ihrer Vieldeutigkeit einsetzt für sein charakteristisches Geflecht aus Anspielungen und Bedeutungen. Als erstes Beispiel bietet sich das Lied *Zu leise für mich* an (1968, erstmals erschienen 1971 auf der LP *Literarisches und Nichtarisches*), dessen Text lautet:

> Ich sitz schon lang im Kabarett und singe Lieder,
> wie eine mutige, doch alternde Soubrett'.
> Und diese Lieder hören die Leute immer wieder,
> und der Flieder
> blüht im nächsten Mai genau so violett.
>
> Ich singe lächelnd, denn ich denke an die Pause.
> Die Leute lächeln, denn sie wollen mich gern verstehen.
> Dann ist die Vorstellung vorüber, und ich sause,
> und zu Hause
> fällt mir ein: Es ist schon wieder nichts geschehen.
>
> Denn sehn Sie, so ist das Leben:
> Man setzt sich, doch man setzt sich nur daneben.
> Irgendwer drüben treibt etwas, meldet sich,
> aber zu leise für mich.
>
> Ich sing vom Frühling und von Liebeslust im Grünen,
> auch von Politikern und manchem krummen Ding.
> Die Leute lachen, und sie klatschen wie Maschinen,
> aber ihnen
> ist es vollkommen egal, warum ich sing.

---

1 Georg Kreisler, Der Schattenspringer, München 1998, S. 17.

Ich hör die Leute unten denken, seh sie schwanken,
und ihre Tränen fallen meinen vis-à-vis.
Ich möcht auch allzugern mit dem und jenem zanken,
doch sie danken
und verschwinden mit der eignen Melodie.

Denn sehn Sie, so ist das Leben.
Erst geht man auf den Leim, dann bleibt man kleben.
Wenn einer laut um Hilfe schreit, außer sich,
ist er zu leise für mich.

So sitz ich nach wie vor hier fest und singe Lieder,
und bleibe wirkungslos vom eignen Klang berauscht.
Die schönen Damen plustern eifrig ihr Gefieder
auf und nieder,
doch man hört mich nicht, auch wenn man höflich lauscht.

Ich singe Lieder in die blauwattierte Ferne,
ich hänge Klagen an die pausenlose Zeit.
So hebt ein jeder sein winzige Laterne
und ich lerne:
Nur das Lied bleibt und die Hoffnungslosigkeit.

Denn sehn Sie, so ist das Leben.
und dieser Schaden läßt sich schwer beheben.
Andere singen ebenso, sicherlich,
aber zu leise für mich.

Georg Kreisler war Mitte 40, als er dieses Lied komponierte, und konnte bereits auf eine Karriere von mehr als zwei Jahrzehnten zurückblicken. Inspiriert von seiner ersten Klavierlehrerin Hilde Stern hatte der junge Kreisler in Wien an seinen musikalischen Talenten gefeilt und sich früh gegen eine Laufbahn als Solist entschieden:

> Von da an übte ich mich nur mehr darin, so zu tun, als wäre ich ein Pianist, spielte also nur die Dinge, die ich zufällig noch spielen konnte, und siehe da, es machte Eindruck. Bis heute bescheinigen mir Zeitungskritiker, dass ich ein hervorragender Pianist bin. So wie ein Gelehrter den Gelehrten spielt, auch wenn er weiß, dass er nichts weiß, wie ein Richter den Überlegenen spielt, wie ein Pfau das Rad schlägt und die Katze einen Buckel macht, so mime ich den Pianisten, und wirkliche Pianisten hüten sich, in meiner Gegenwart zu widersprechen.[2]

---

2 Hans-Juergen Fink/Michael Seufert, Georg Kreisler gibt es gar nicht. Die Biographie [2005], Frankfurt a.M. 2007, S. 59.

Abb. 2: Zu leise für mich *in der Fassung für das Musical* Heute Abend: Lola Blau *(1971).*
Berlin, Akademie der Künste, Georg-Kreisler-Archiv 423/20, S. 36

Von den Nationalsozialisten ins amerikanische Exil vertrieben, sammelte Georg Kreisler erste Erfahrungen mit eigenen Programmen, als er von der amerikanischen Armee zur Truppenbetreuung in England und Frankreich eingesetzt wurde. Nach dem ehrenhaften Ausscheiden aus dem aktiven Militärdienst lebte und arbeitete er zunächst wieder an der Westküste in Los Angeles und Hollywood, von wo es ihn zum Ende des Jahres 1946 wegen mangelnder beruflicher Perspektiven auf die andere Seite des Kontinents ins kulturelle Zentrum New York zog. Von hier aus bereiste er als Barpianist weite Teile Nordamerikas und Kanadas und musste sich daran gewöhnen, dass seine Vorstellungen von kritischer und satirischer Kunst selten den Wünschen der Restaurants, Hotels und Nachtlokale entsprachen, die ihn (zumeist auf seine eigenen Kosten) aus New York hatten anreisen lassen:

> Man behandelte mich mit Mißtrauen, was ich gerne erwiderte, wollte meine Lieder nicht hören, fühlte sich gestört, sobald ich den Mund öffnete. Von einem Nachtklubkomiker erwartete man, daß er sein Publikum zum Zuhören überredete. Das brachte ich nicht fertig, obwohl ich es immer wieder versuchte. Allerdings war ich später in Wien oder Berlin genau so fremd wie damals in Washington oder Baltimore. Es lag also nicht an der Sprache, sondern an meinem Außenseitertum.[3]

Das Gefühl, ein Außenseiter zu sein – gehört, ohne verstanden zu werden, zu beobachten, ohne real etwas verändern zu können – findet sich in Selbstbeschreibungen Kreislers immer wieder und begegnet auch in *Zu leise für mich*, wo es an zwei Stellen heißt: »Ich möcht auch allzu gern mit dem und jenem zanken, doch sie danken und verschwinden mit der eigenen Melodie.« – »Andere singen ebenso, sicherlich, aber zu leise für mich.«

Neben einem melancholischen Unterton, der sich auch in zahlreichen anderen Liedern niederschlug, ist an diesem Motiv vor allem die Lust, vielleicht besser die Unausweichlichkeit bemerkenswert, Widerstände als Herausforderung zu begreifen und Hürden nicht als unüberwindlich zu akzeptieren. Georg Kreisler verbrachte insgesamt fünf Jahre in New York und fand schließlich eine Festanstellung in der Monkey Bar, dem Club des eleganten Hotels Elysée auf der New Yorker East Side, in der Sportler, Schauspieler und andere Berühmtheiten verkehrten. Dort stieß er zum ersten Mal auf ein Publikum, das seine sarkastischen Lieder und ironischen Plaudereien mehr als schätzte. Dieser Erfolg gab ihm erstmals finanzielle Sicherheit und Entfaltungsspielraum, so dass in dieser Zeit neben Liedtexten, Kurzgeschichten und einem Roman ein Klavierkonzert und ein Theaterstück entstanden: »Aber es war alles Beiwerk, man war zufrieden mit mir, mein Unterbewußtsein schlief, während meine Schubladen überquollen.«[4] Von der US-Armee

---
3 Georg Kreisler, Lola und das Blaue vom Himmel. Eine Erinnerung, hg. v. Thomas B. Schumann, Hürth b. Köln/Wien 2002, S. 18f.
4 Ebd., S. 20.

war Kreisler 1943 zum Verhörspezialisten ausgebildet worden und hatte zwei Jahre später in Deutschland in vielen Befragungen kleinen und großen Nazis gegenüber gesessen, unter ihnen auch Hermann Göring, Ernst Kaltenbrunner und Julius Streicher.[5] Vor dem Hintergrund solcher Eindrücke und seinen noch dahinter zurück reichenden Erfahrungen als Emigrant war Kreislers Unzufriedenheit mit dem *Status quo* nach vier sicheren Jahren Monkey Bar nur noch schwer zu ertragen, so dass es ihn 1955 zurück nach Europa zog auf der Suche nach neuen Herausforderungen, zunächst im angestrengt unpolitischen Wiener Nachkriegsklima.

Seit sich Georg Kreisler während seiner Studienzeit bei Hilde Stern gegen eine Solistenlaufbahn entschieden hatte, wünschte er sich eine Festanstellung in musikalisch-künstlerischer Funktion an einem Theater, sei es als Dirigent, musikalischer Leiter, Dramaturg, Regisseur oder Autor, leider ohne Erfolg.[6] Dieser Zurückhaltung von Musikinstitutionen vergleichbar konnten oder wollten Rundfunkredakteure und Programmverantwortliche während der 1960er- und 1970er-Jahre dem bereits arrivierten Kabarettisten Kreisler bei Produktionsbeginn plötzlich nicht mehr den kreativen, unzensierten Spielraum für seine Beiträge einräumen, den sie ihm vorab versprochen hatten. In gleicher Weise kamen auch einige szenische Werke – ob sie bestellt worden waren oder aus kreativem Impuls heraus entstanden – nie auf die Bühne und konnten folglich keine seinen Liedern vergleichbare Wirkung entfalten. Aus rein pragmatischen Gründen waren die Songs daher seine Haupteinnahmequelle, mit denen er sich schnell eine Marktlücke als ›Taubenvergifter‹ mit schwarzem Humor im deutschsprachigen Kabarett erarbeitete, bis er Ende der 1970er-Jahre langsam die Gewichtung zugunsten der Arbeit mit literarischen Texten zu verschieben begann:

> Theaterstücke schreibe ich, indem ich mir eine Bühne mit Schauspielern vorstelle, Romane oder Geschichten schreibe ich, indem ich mir nichts vorstelle, aber Lieder schreibe ich, indem ich mir die Eintrittspreise vorstelle.[7]

An anderer Stelle in seinen Erinnerungen *Lola und das Blaue vom Himmel* (2002) resümiert Kreisler:

> Ich bin ein schlechter Hungerleider. Zum Schreiben und zum Komponieren braucht man Zeit, zum Liederschreiben kaum, vor allem dann kaum, wenn man sie selbst vortragen kann. Also habe ich in New York, in Wien und in Berlin, weil ich kein Geld hatte, sofort Lieder geschrieben und gesungen, und das ungeduldige Publikum kam und zahlte. Als ich jung war, gab es nur sehr wenige Liedermacher und Chansonsänger, denn das Publikum nahm sich Zeit. Mit Barbaras [Peters; Anm. d. Verf.]

---

5 Fink/Seufert, Georg Kreisler gibt es gar nicht (Anm. 2), S. 111-130.
6 Ebd., S. 211.
7 Ebd., S. 181f. Vgl. auch Kreisler, Lola und das Blaue vom Himmel (Anm. 3), S. 123.

Hilfe habe ich dann allmählich aufgehört mit dem Liederschreiben. Nicht, daß sie etwas Dementsprechendes sagte, sie war nur da. Statt dessen habe ich ein paar Bücher und ein paar Theaterstücke geschrieben. Vor allem habe ich gelernt, für mich selbst zu schreiben, statt für die anderen, wie in der Emigration und später.[8]

Das zwiespältige Gefühl, vom Publikum für eine Tätigkeit geliebt zu werden, die auf sehr pragmatischen Kalkulationen beruht, und zugleich mit Produktionen, die mit wesentlich mehr Herzblut verfasst worden waren, keinen vergleichbaren Erfolg zu haben, wird Kreisler ein Leben lang begleiten und ihn zu einer sehr distanzierten Bewertung seines Schaffens als Songwriter führen: »Die Leute lächeln, denn sie wollen mich gern verstehen. Dann ist die Vorstellung vorüber, und ich sause, und zu Hause fällt mir ein: Es ist schon wieder nichts geschehen.« – heißt es in *Zu leise für mich*. Kreislers Erinnerungen an die Zeit in der Wiener Marietta Bar (1956 spielt er dort zum ersten Mal *Taubenvergiften im Park*, damals unter dem Titel *Frühlingslied* angekündigt) klingen sehr ähnlich und spiegeln die Widersprüchlichkeit seiner damaligen Situation:

> Bequeme Wege sind in der Kunst immer mit Unrat gepflastert. [...] Wie verachtet man die eigenen Bewunderer? Wie entgeht man seinem Schatten, solange man in der Sonne steht? Man wird Säufer, Sonderling, oder Selbstmörder. Letzteres kann auch heißen, daß man sich totlacht.[9]

Sicherlich ist auch hier eine Spur von Melancholie wahrnehmbar, wenn Kreisler trotz der Beliebtheit seiner Lieder keine wesentlichen Veränderungen durch seine Kunst erkennen konnte, was ihn zugleich immer wieder neu motivierte, gegen politische Missstände und gesellschaftliche Bequemlichkeiten anzuschreiben und damit – bisweilen sicherlich unfreiwillig – den Erwartungen seines treuen Publikums zu entsprechen. »Und diese Lieder hören die Leute immer wieder, und der Flieder blüht im nächsten Mai genau so violett« schrieb er in *Zu leise für mich*. Auch sein Song *Erwartet nicht zu viel* (1976) ist von der zwiespältigen Hoffnung in die Möglichkeiten seiner Kunst geprägt (vgl. den Liedtext in Abb. 3).

Kommt man noch einmal auf die Figur des Außenseiters zurück und bedenkt, wie sie den Künstler Kreisler über viele Jahrzehnte begleitet hat, ergibt sich daraus die Frage, wo dieser Hang zur unnachgiebigen Widerständigkeit seinen Anfang nahm. In einem kurzen Dialog im eingangs zitierten Roman *Der Schattenspringer* grübelt der Protagonist John – er war kurz zuvor aus England in die Bundesrepublik Deutschland übersiedelt – über seine Schuld am Tod seiner Frau nach und bespricht sich mit einem Rabbiner:

---

8 Kreisler, Lola und das Blaue vom Himmel (Anm. 3), S. 125.
9 Fink/Seufert, Georg Kreisler gibt es gar nicht (Anm. 2), S. 193.

> »[…] ich werde das Gefühl nicht los, daß ich bestraft werden sollte.« »Wenn du in Deutschland bleibst, ist das Strafe genug«, sagte der Rabbiner. »Aber ich fühle mich nicht als Jude.« »Dann mußt du es lernen.«[10]

So oder ähnlich ließe sich vielleicht Georg Kreislers Sicht auf seine religiöse und kulturelle Zugehörigkeit zum Judentum skizzieren, da ihm im antisemitischen Klima Wiens der 1920er- und frühen 1930er-Jahre von außen gewaltsam klar gemacht werden sollte, wer und was er zu sein habe. Während sein Vater Siegfried – ein fleißiger Anwalt, der seinen jüdischen Glauben wenig praktizierte – bemüht war, dass seine Familie allen Konflikten möglichst aus dem Weg ging und öffentlich keinesfalls auffiel, bis die von seinem Sohn organisierte gemeinsame Emigration unausweichlich wurde, schlug Georg Kreisler später die entgegengesetzte Richtung ein und vertrat mit Hilfe seiner Kunst pointiert und unmissverständlich die eigene Meinung. Ähnlich verhielt er sich auch während seiner Zeit im Army-Ausbildungscamp im Jahr 1943:

> Die nächste Gelegenheit, sich militärischem Zwang zu widersetzen und die Grenzen des Ungehorsams zu testen, bietet sich Kreisler, als seine Einheit zum Manöver nach Texas geschickt wird. Er schlägt sich bei jeder Gelegenheit seitwärts in die Büsche und legt sich an stillen Plätzchen schlafen. Wird er erwischt, erfindet er eine dumme Ausrede. »Die Offiziere waren dumme Soldaten gewöhnt, brüllten mich an, gingen zufrieden von dannen, und ich ging wieder schlafen.« Er macht die Erfahrung, dass ihm nichts passiert, wenn er konsequent ungehorsam ist.[11]

Als ehrgeiziger Jurist betrachtete Siegfried Kreisler Kunst zeitlebens als brotloses, viel zu riskantes Gewerbe, obgleich es sein im Filmgeschäft Hollywoods tätiger Neffe Walter Reisch gewesen war, der dank guter Kontakte und finanzieller Rücklagen zunächst für seinen Cousin Georg und kurz darauf auch für dessen Eltern hatte bürgen können und ihnen so die rettende Ausreise aus Österreich ermöglichte.[12] In seinen Erinnerungen resümiert Georg Kreisler die Beziehung zu seinem Vater als Spannungsverhältnis voll unausgesprochener Erwartungen und Emotionen, da Siegfried Kreisler einerseits sicherlich stolz war, die ersten Karriereschritte seines Sohnes mitzuerleben, der als kaum 20-Jähriger mit Jobs im Filmgeschäft Hollywoods maßgeblich den Unterhalt der Familie bestritt. Andererseits konnte er die künstlerische Tätigkeit seines Sohns und die Welt, in der dieser sich bewegte, letztlich nie voll akzeptieren.[13]

---

10 Kreisler, Der Schattenspringer (Anm. 1), S. 111.
11 Fink/Seufert, Georg Kreisler gibt es gar nicht (Anm. 2), S. 114.
12 Ebd., S. 18f. und 31.
13 Ebd., S. 221.

ERWARTET NICHT ZU VIEL

Erwartet nicht zu viel von meinen Liedern.
Es geht ein Klang von Kälte durch die Welt.
Die Ohren der Genossen sind geschlossen –
und ein Lied – wer hört das noch?
Wen stört das noch?

Erwartet umso mehr von harten Menschen.
Wer einmal quält, wird's immer wieder tun.
Die Qual nach Plan, den Gewohnheitshass
lernt jeder leicht und Nachwuchs gibt's en masse.
Geh und sing einmal ein Lied dem Kanzler vor!
Er dankt es dir und bleibt der gleiche, der er war.
Sing ein Lied für Flüchtlinge,
für jemand, der im Zuchthaus langsam stirbt,
für Kinder, die die Fürsorge verdirbt,
für einen im Verhör der Polizei,
für Gepeinigte, Gesteinigte!

Egal wohin du singst, es bleibt belanglos.
Das Leben schreibt die stärkere Musik.
Die Menschheit wird sich eines Tags befassen,
Zusammenhänge da und dort erkennen,
die Wahrheit in gemässer Art erzählen,
das Ende ihrer Knechtschaft proklamieren,
und überall bei reich und arm
wird's weise sein und warm.
Die Lieder werden nur danebenstehn dabei
und ganz vergeblich sein – und frei.

Abb. 3: Erwartet nicht zuviel.
Undatiert, erstmals erschienen auf dem Album Rette sich, wer kann *(1976).*
Berlin, Akademie der Künste, Georg-Kreisler-Archiv 40

Im *Schattenspringer* findet sich ein diesbezüglich sehr treffender Passus zum Wesen von Künstlern und ihrem Platz in der Welt, der einige Steinchen für ein Mosaikbild von Georg Kreislers künstlerischem Selbstverständnis enthält:

> Künstler sehen eine andere Wahrheit: Sie sehen vor allem die verschiedenen Wahrheiten, denn es gibt ja wahrscheinlich doch deren mehrere. Sie halten uns keinen Spiegel vor, das ist ein Unsinn, der von Kunstkritikern verzapft wird, kein Künstler hat das je von sich behauptet. Ein Künstler bewegt sich in einer anderen Zeit, er findet sich in einer Welt, die die anderen Menschen eines Tages für selbstverständlich halten werden. Deswegen empfinden wir die Klassiker vergangener Jahrhunderte als Realisten, obwohl sie zu ihrer Zeit Visionäre waren. Als man Picasso vorwarf, sein Portrait von Gertrude Stein sähe ihr nicht ähnlich, antwortete er: »Warten Sie's ab!« Es ist sinnlos, zu versuchen, einen Künstler in die Gegenwart zu befördern. […] Hierbei muß man allerdings berücksichtigen, daß Künstler schwer zu erkennen sind. Die meisten Menschen, die wir für Künstler halten oder die von den Medien als Künstler gepriesen werden, sind keine. Sie befriedigen lediglich den Zeitgeschmack, was zwar seine Berechtigung, aber nichts mit Kunst zu tun hat.[14]

Ein Vorteil von Liedern gegenüber großen Formen könnte sein, als musikalische Miniaturen ein breites Spektrum von Themen und Eindrücken zu behandeln und – gesetzt den Fall, man beherrscht diese Kunst, wie Georg Kreisler es tut – mit wenigen Andeutungen auszukommen, um große Geschichten zu erzählen. Ein passendes Beispiel bietet der Song *Trau keiner Melodie über 30*, erstmals veröffentlicht auf der LP *Rette sich, wer kann* (1976). Die kritische Stoßrichtung des Liedes ist der Missbrauch von Musik als Beruhigungsmittel und die daraus entstehenden Folgen für Musik und Gesellschaft. Durchaus selbstkritisch nimmt sich Kreisler von dieser Kritik nicht aus, unterliegt er selbst bisweilen doch dieser Verführungskraft – »So sitz ich nach wie vor hier fest und singe Lieder und bleibe wirkungslos vom eigenen Klang berauscht.« – sang er in *Zu leise für mich*.

Trau keiner Melodie über 30 beginnt mit der Frage, was wir machen,

> wenn uns die Musik plötzlich abhanden kommt? Durch Umweltverschmutzung, Energieverknappung, Krieg. Wenn die Musik eines Tages ganz einfach weg ist, vergessen, verloren, verschwunden, wie jetzt zum Beispiel Wandergesellen oder manche Arten von Schalentieren.

Kreisler entwirft das Bild einer bequemen, behaglichen Zeit, in der man sich mit dem Erreichten zufrieden gibt, nichts gegen den Verlust scheinbar selbstverständlicher Dinge wie der Musik unternimmt und weder die verloren gegangene Natur noch den abhandengekommenen Hass vermisst. Die Antwort auf die wiederholte Frage, was wir machen, wenn es eines Tages

---

14 Georg Kreisler, Der Schattenspringer (Anm. 1), S. 71.

wirklich soweit gekommen ist, deutet der Text nur an, die Lösung überträgt Kreisler ohne weiteren Kommentar der Musik. Es ist ein wirklich genialer Schachzug Kreislers, anstatt einer sprachlichen Persiflage der bildungsbürgerlichen Institution ›Konzert‹ direkt ins Herz ihres hochkulturellen Selbstverständnisses zu treffen und an dieser Stelle im Song das *Adagio cantabile* aus Ludwig van Beethovens *Pathétique* (*Klaviersonate Nr. 8 c-Moll* op. 13) anzuspielen. Gerade mit diesem Zitat lässt sich Kreislers Lied dem Umfeld der mit Beethovens zweihundertstem Geburtstag (1970) einsetzenden Rezeptionsverschiebung zuordnen, am prägnantesten vielleicht von Mauricio Kagel im Film *Ludwig van* umgesetzt. Kreislers Beethoven-Zitat ist wohl gewählt, handelt es sich doch – wie Joachim Kaiser 1975 formulierte – um »Beethovens populärste Sonate [...], etwas bebend und selbstbewußt Neues: nämlich Musik mit Muskeln, mit gespannt hervortretenden Adern.«[15] Abgesehen von einer für Kaiser typischen, Klischee behafteten Metaphorik (von Friedrich Geiger treffend analysiert[16]), setzen die Überlegungen des Autors, wie die *Pathétique* zu einem so überaus prominenten Stück werden konnte, doch an der entscheidenden Stelle, dem kollektiven Gedächtnis, an: »Was die *Pathétique* betrifft, gibt es naive Unvoreingenommenheiten wahrscheinlich kaum mehr. Das Stück ist, wie kein anderes, auf unzählige, meist scheußlich verkitschte Weisen im ›öffentlichen Bewußtsein‹.«[17] Zugleich aber stellt das Werk für Kaiser ein großes Problem im adäquaten Umgang mit seinem Schöpfer dar (wie er ihn für sich beansprucht), da es vor allem die Aufmerksamkeit der falschen Hörer weckt:

> Was so überredend, so umwerfend und zwingend zu beeindrucken vermag beim ersten Hören, das wirkt, entsprechend rasch, ein wenig »trivial«. Was an den betreffenden Stücken hinreißt, verabsolutiert sich zum »Reißer«. *Kleine Nachtmusik* oder *Pathétique* imponieren auch dem Unmusikalischen – dem korrespondiert der gebildete Überdruß, das blasierte Lächeln des »Kenners«.[18]

Mit der Wendung gegen einen solchen pathetischen, weihevollen Beethoven, wie er bei Joachim Kaiser als musikalische Inkarnation von Humanität zu beobachten ist, stellte sich die Rezeptionsverlagerung der 1970er-Jahre in die Tradition kritischer, antiromantischer Sichtweisen aus dem ersten Viertel des 20. Jahrhunderts, die mit Ferruccio Busonis Frage *Was gab uns Beethoven* (1920) Komponisten der sog. Neuen Sachlichkeit, der Zweiten Wiener Schu-

---

15 Joachim Kaiser, Beethovens 32 Klaviersonaten und ihre Interpreten, Frankfurt a.M. 1975, S. 156.
16 Friedrich Geiger, »Innigkeit« und »Tiefe« als komplementäre Kriterien der Bewertung von Musik, in: Archiv für Musikwissenschaft 60 (2004), H. 4, S. 268.
17 Kaiser, Beethovens 32 Klaviersonaten (Anm. 15), S. 181.
18 Ebd., S. 157.

le und des Neoklassizismus verband.[19] Zum einen ist die Geschichte der Beethoven-Rezeption aber zu komplex, um hier in wenigen Worten skizziert zu werden. Zum anderen führte dies zu weit von Georg Kreislers Kunstgriff weg, da für ihn bereits eine Andeutung genügte, um den gesamten Klischee-Horizont vom Genie Beethoven und die sich hinter dieser kollektiven Heldenverehrung verbergenden Überlegenheitsfantasien zu karikieren, die er in Deutschland und Österreich nach 1945 ungehemmt am Werke sah.

Mit welchen Bedeutungsebenen arbeitet aber *Trau keiner Melodie über 30* und was besagen sie über Kreislers Methode der Überlagerung textlicher und musikalischer Semantisierungen, von denen diese Überlegungen ihren Ausgangspunkt nahmen? Bereits die Kernaussage des Refrains, die dem Lied den Titel gab, stellt einen Zeitbezug zu den frühen 1970er-Jahren her. Bekanntermaßen entsprach der Slogan »trau keinem über 30« einem Glaubenssatz der 68er-Bewegung, in deren kritischen Gesellschaftsdiagnosen auch Theodor W. Adornos Forderung zur Widerständigkeit der Musik längst zur Floskel erstarrt war. Doch gegen wen richtete sich Kreislers Kritik, und wie drückt er diese aus? Hier kann ein Satz aus dem bereits mehrfach zitierten *Schattenspringer* weiterhelfen, als der Protagonist über einem neuen Roman brütet: »John arbeitete bereits am nächsten Bestseller. Er rechnete sich ihn mathematisch aus. ›Die deutsche Sprache ist berechenbarer als die englische‹, erzählte er Sherry, ›denn nichts ist so seicht wie deutscher Tiefsinn‹.«[20]

Georg Kreislers bis heute ungebrochene Kreativität suchte sich im Verlauf der Jahrzehnte verschiedene Kanäle, um seine Gedanken zu transportieren. Sein Weg führte ihn dabei vom klavierbegleiteten Liedtext langsam fort zum gesprochenen und geschriebenen Wort, ohne dass ihn dies gänzlich vom weiten Feld der Musik entfernt hätte, wie sich an vielen Motiven und Handlungsverläufen in seinen Texten, Geschichten und Gedichten nachverfolgen lässt. In Kreislers Verständnis ist Musik als Teil der Kunst kein Rückzugsort in eine heile Welt, in der man die Augen vor den Schrecken und Banalitäten des Alltags verschließen könnte. Wie er seit frühester Kindheit mit ansehen musste, ändern Musik und ihre verschwisterten Künste nicht die Welt, es sind die Menschen, die die Zeitläufte bewegen. Mit seiner Kunst kann Kreisler daher andere nur dazu bringen, sich gegenseitig zuzuhören und selbstständig zu denken.

---

19   Ferruccio Busoni, Was gab uns Beethoven? [1920], in: ders., Wesen und Einheit der Musik, Berlin-Halensee und Wunsiedel 1956, S. 173-176. Vgl. weiterführend Hans Heinrich Eggebrecht, Zur Geschichte der Beethoven-Rezeption [1972], Laaber 1994, S. 14, 25 und 33; Albrecht Riethmüller, Busoni-Studien, in: Archiv für Musikwissenschaft 42 (1985), H. 4, S. 265; Elisabeth Eleonore Bauer, Wie Beethoven auf den Sockel kam, Stuttgart und Weimar 1992, S. 322, 325 und 327.
20   Kreisler, Der Schattenspringer (Anm. 1), S. 127.

Es bliebe als These zu diskutieren, ob Kreislers Abwendung vom Typus des Liedes vielleicht damit zusammenhing, dass ihm die jeweiligen Rezeptionsweisen szenischer Formate (Musicals, Opern und Theaterstücke) und literarischer Texte (die nur indirekt mit Klang und Musikalität operieren) geeigneter erschienen. Denn so widerständig ein Lied auch gemeint sein mag und so boshaft satirisch es konzipiert wurde, gliedert es sich dennoch in unsere vom Songformat dominierte musikalische Alltagskultur ein. Vielleicht fürchtete Kreisler deshalb, dass die allgemein internalisierten Konsumgewohnheiten die kritischen Impulse seiner Stücke abschliffen und entschärften. Diesen Befürchtungen zur Bestätigung oder zum Trotz – dies ist eine Frage der Perspektive – liebt das Publikum Kreislers Lieder und schätzt an ihnen nicht nur den Text, sondern die Handschrift der kreislerschen Vertonung. Wie versucht wurde zu zeigen, ist das verbindende Element zwischen Wort und Ton immer die spürbare poetische Art, Musik zu denken und dies in unterschiedlichen Medien auszuformulieren. Diese Abhängigkeit der Worte von ihrem Klang wäre demnach exemplarisch für ein Wechselverhältnis bei Kreisler, bei dem eins im anderen aufgeht und ohne dieses nicht auskommt. Erst aber ein kleines, politisch unkorrektes Augenzwinkern gibt einer solchen Mischung die richtige Würze, mit der auch in einer vergleichbaren Stelle im *Schattenspringer* kokettiert wird: »Daß Peggy in ihrem Reichtum arm und John in seiner Armut reich gewesen sein könnte, kommt einem Polizeibeamten nicht in den Sinn.«[21]

---

21 Ebd., S. 26.

FRIEDRICH GEIGER

Musik in der politischen Kunst Georg Kreislers

Versteht man unter ›politischer Kunst‹ im weitesten Sinn eine Kunst, die sich gegenüber der Gesellschaft kritisch-seismografisch verhält, dann besteht kein Zweifel, dass Georg Kreislers Œuvre hier mit einbegriffen ist. Er selbst hat immer wieder betont, dass er sich als politischen Künstler sieht:

> Ich bin immer links gewesen, ich bin immer ein Protestler gewesen, ich war immer gegen die kapitalistische Gesellschaft, gegen das kapitalistische Leistungsdenken und die Schablonen, die im Rahmen dieses Systems geschaffen werden.[1]

Und an anderer Stelle heißt es explizit: »Ich begreife mich natürlich als politischer Liedermacher«.[2] Allerdings deutet schon der Umstand, dass ihm solche Positionsbestimmungen nötig schienen, darauf hin, wie wenig sich sein künstlerisches Profil im Großen und Ganzen mit dem deckt, was zumeist unter dem Etikett ›politische Kunst‹ im Angebot ist. Zwar weisen die gängigen Amalgame, zu denen Politik und Kunst in unterschiedlichen Mischungsverhältnissen verschmelzen, ein breites Spektrum auf. Es reicht von politischer Propaganda mit künstlerischen Mitteln wie in der Agitprop über die dekuvrierende Ironie von Satire und Kabarett bis zur sog. engagierten Kunst, die ihren kulturellen Anspruch in den Dienst politischer Anliegen stellt. Doch so offenkundig Kreislers Schaffen mit einigen dieser Genres Schnittmengen bildet, so offenkundig ist zugleich, dass es in keinem von ihnen restlos aufgeht. Vielmehr zeigt seine Kunst eine unverwechselbare Eigenart, die wesentlich – und das soll im Folgenden erörtert werden – auf Kreislers spezifischer Beziehung zur Musik beruht. Auf drei Aspekte, die ihn meines Erachtens deutlich von politischer Kunst üblichen Typs absetzen, möchte ich dabei eingehen; und zwar unter den Stichworten ›Musik als Metapher‹, ›Sprache aus Musik‹ und ›Musikalische Grenzen‹.

---

1 Zit. n. Hans-Juergen Fink/Michael Seufert, Georg Kreisler gibt es gar nicht. Die Biographie, Frankfurt a.M. 2005, S. 227.
2 Zit. n. Thomas Rothschild, Liedermacher. 23 Portraits, Frankfurt a.M. 1980, S. 108.

Musik als Metapher

Schon das schiere Quantum musikbezogener Inhalte in Kreislers Werk lässt erkennen, dass ihm Musik weit mehr bedeutet als ein künstlerisches Ausdrucksmittel. Angefangen von berühmten Liedtexten wie *Der Musikkritiker* oder *Opernboogie* über Bühnenwerke wie *Heute Abend: Lola Blau* von 1971 oder *Der Aufstand der Schmetterlinge* aus dem Jahr 2000, deren Protagonisten Musiker sind, bis hin zu literarischen Arbeiten wie den drei Satiren *Heute leider Konzert*, die Kreisler zwei Jahre später vorlegte – stets spielt Musik eine Schlüsselrolle. Überblickt man die inhaltlichen Funktionen, die das Motiv der Musik in Kreislers Arbeiten erfüllt, so fällt vor allem auf, dass ihm musikalische Systemzusammenhänge als Metaphern für gesellschaftliche Verhältnisse dienen. *Das Triangel* beispielsweise, eines der bekanntesten Lieder, schildert eine Opernaufführung aus der Perspektive des Triangelspielers (siehe Auszüge des Textes im Anhang). Dabei lässt sich der Apparat des Opernorchesters als Sinnbild für die Gesellschaft begreifen, eine Gesellschaft, in die sich der Einzelne – hier in der Person des Triangelspielers verkörpert – gewissermaßen eingetaktet sieht. Auch das unbedeutendste Individuum, so könnte man die Kernbotschaft der Parabel übersetzen, ist für das Gelingen des Ganzen unverzichtbar. Indem diese Botschaft jedoch durch das Bild des musizierenden Orchesters transportiert wird, entsteht jene für Kreisler typische Mehrschichtigkeit und Uneindeutigkeit, die ihn von anderen, plakativeren Formen politischer Kunst abhebt. Denn das Plädoyer für den Triangelspieler gerät ja alles andere als ungebrochen. Auch die unangenehmen Seiten dieses Charakters werden nicht ausgespart: die Borniertheit, die Selbstüberschätzung, die Kunstfeindlichkeit, das Desinteresse am Ganzen, dessen Teil er ist, seine Frustration etc. All diese Facetten bündelt Kreisler, indem er die Gedanken des unterprivilegierten Musikers vor der Folie des Orchesters wiedergibt. Auf diese Weise artikuliert sich durch die musikalische Parabel eine mehrdimensionale Kritik, die sich nicht allein gegen die oft gescholtenen ›Verhältnisse‹ richtet, sondern überdies auch das Verhalten des Einzelnen hinterfragt, der das Seine zu diesen Verhältnissen beiträgt. Schließlich beinhaltet die Orchestermetapher auch eine für Kreisler nicht uncharakteristische Skepsis, denn das Ausbrechen des Triangelspielers aus seiner vorherbestimmten Rolle scheint ausgeschlossen. Er wird sich vielmehr mit einem Schicksal abfinden, dessen Dürftigkeit die Klavierbegleitung mit jenem einzelnen Ton persifliert, in dem sich der Beitrag des Triangelisten zu der dargebotenen Oper erschöpft.

Kreislers Verwendung von Musik als gesellschaftlicher Metapher erscheint besonders deutlich in dem Motiv des Konzertbesuchs, das in allen Sparten seines Œuvres regelmäßig wiederkehrt. Die Situation des Konzerts, wahlweise auch der Opernvorstellung, schildert Kreisler als gesellschaftlichen Mikrokosmos, worin sich wie unter der Lupe all jene menschlichen Defizite und Verhaltensweisen erkennen lassen, die der Utopie einer idealen Gesellschaft im Wege stehen. Musik, ihre Darbietung und ihr Konsum im Konzert liefern hierfür aufgrund des weiten Netzes sozial relevanter Gesichtspunkte, die sich damit verknüpfen, ausgezeichnetes Anschauungsmaterial. Das beginnt bei der Motivation, die hinter dem Konzertbesuch steht. Wie Kreisler immer wieder betont, gründet sie in den meisten Fällen nicht in künstlerischem, sondern im gesellschaftlichen Interesse des Sehens und Gesehen-Werdens, bei dem als notwendiges Übel in Kauf genommen wird, das auch Musik erklingt. Der soziale Aspekt setzt sich fort in den unvermeidlichen Pausengesprächen über das Erklungene, prototypischen und jedem Opern- und Konzertbesucher vertrauten Gesprächen, in denen Inkompetenz, Intoleranz, Anmaßung, Gehässigkeit und Eitelkeit fröhliche Urständ feiern, wie es Kreisler beispielhaft im *Opernboogie* vorführt. Und die soziale Komponente reicht bis zu den Funktionen der Entlastung und Verschleierung von gesellschaftlichen Realitäten durch Musik. Wie Kreisler deutlich macht, werden diese Funktionen in der Musik sowohl von denen gesucht, die unter diesen Realitäten zu leiden haben, als auch von jenen, die davon profitieren. »Wer von Bach die *Toccata und Fuge* hört«, heißt es in *Der Tod im Konzert*,

> überhört einen Mord in Madrid.
> Der gehässigste Antisemit
> hat bei Mendelssohn immer gern zugehört.
> Und was Mozart im Tiefsten empfunden hat
> wird verwandelt und heißt jetzt Kultur.
> Man empfängt es um Punkt zwanzig Uhr
> und vergisst, wo die Welt ihre Wunden hat.

Sprache aus Musik

Während sich somit auf der inhaltlichen Ebene von Kreislers politischer Kunst die Bezugnahme auf das gesellschaftliche System Musik besonders charakteristisch auswirkt, so erscheint diese Kunst auch auf der Ebene der Faktur, bisweilen sogar in ihrer Substanz aus dem Geist der Musik entstanden. So zeigt sich regelmäßig auch der verbale Anteil stark von klanglichen Faktoren geprägt. Kreisler hat selbst darauf hingewiesen, dass im Entstehungsprozess seiner Arbeiten der textliche vom musikalischen Einfall kaum zu trennen sei:

> Wenn es ein Lied ist, findet das meistens am Klavier statt. Das heißt: Text und Musik gleichzeitig. Nicht immer, aber meistens. Ich phantasier' herum am Klavier, und gleichzeitig mit einer Melodie fällt mir dann ein Text ein. Und das wird dann ausgearbeitet. Sowohl die Melodie wie auch der Text. So wie bei einem Kreuzworträtsel die leeren Stellen aufgefüllt werden. [Und] manchmal kommt es auch vor, dass einem eine Zeile einfällt und dass man sie dann vertont. Manchmal hat man eine Melodie und fragt sich nachher nach der Zeile. Aber im Allgemeinen ist es gleichzeitig.[3]

In dieser Gleichzeitigkeit spiegelt sich die Besonderheit wider, dass Kreislers Sprache einen überaus hohen Musikanteil aufweist. Vielfach erwächst aus dieser Affinität zu den klanglichen, rhythmischen und intonatorischen Schichten von Sprache eine regelrechte Sprachmusik. Als Beispiel kann die *Telefonbuchpolka* dienen. Ihr Text bis nach dem ersten Refrain lautet:

Ich sitze gern im Wirtshaus	Vondrak, Vortel, Viplaschil,
am wirtshäuslichen Herd.	Voytech, Vozzeck, Vimladil,
Dort sitz ich wie bei mir z'Haus	Viora, Vrabel, Vrtileck,
und werde nicht gestört.	Viglasch, Vrazzeck, Vichnaleck,
Der Wein wird schön älter,	Vregga, Vrba, Vickodill,
in meine Kehle fällt er,	Vrablich, Vutzemm, Viskocil,
der Kalterer wird kälter,	Vochedecka, Vuggelic,
so wie es sich gehört.	Vrtatko, Vukasinowitsch,
Ich les nicht in Journalen,	Vorrak, Vondru, Vorlicek,
ich red mit keiner Frau.	Voralek, Vosmik, Vorlik, Vrba, Vrtl,
Für die müßt ich noch zahlen –	Vodrupa, Vozenilek,
dazu bin ich zu schlau.	Vrinis, Vostarek,
Wenn ich Inspiration such,	Vrtala und Viplacil,
Gesellschaftsliason such,	Vrzala und Vistlacil,
les ich das Telefonbuch,	Vouk, Vudipka, Vitschesal,
dort find ich das genau.	Vrazdil, Vrana, Vimmedall,
Alle meine Freund' stehn drin,	Vrbizki, Vrbezki, Vranek.
und zwar auf Seite ›V‹:	

Es ist evident, dass die Grundidee dieses Liedes, der entscheidende Impuls, musikalischer Natur ist und der klanglichen Faszination an der Konsonantenhäufung entspringt. Vergleichbares ließe sich über einen bestimmten, sehr häufigen Typus kreislerscher Vokalmusik sagen, bei dem sich die Textgestalt ebenfalls primär aus klanglichen Kriterien wie dem Reim, der Assonanz oder ähnlichem ergibt. Die Sinnentwicklung von Texten wie *Zwei alte Tanten tanzen Tango* oder *Max auf der Rax* vollzieht sich in erster Linie nicht nach logischen, sondern nach lautlichen Kriterien, und die Faszination, die

---

[3] Georg Kreisler in einem Interview mit Hans-Juergen Fink und Michael Seufert vom November 2004, zit. n. Georg Kreisler, Leise flehen meine Tauben. Gesungenes und Ungesungenes, Frankfurt a.M. 2005, S. 13.

von diesen Liedern ausgeht, gründet zu einem guten Teil darin, zu verfolgen, wie es Kreisler gelingt, dem Mechanismus der Lautfortpflanzung einen Sinn – häufig auch einen Un-Sinn – abzugewinnen.

Schon diese Beispiele zeigen die tendenzielle Valenzumkehrung des herkömmlichen Wort-Ton-Verhältnisses in ein Ton-Wort-Verhältnis. Voll und ganz ist dies der Fall in einer Reihe von Vokalstücken, die nicht Vertonungen eines existierenden Textes, sondern umgekehrt Vertextungen existierender Töne sind. Um ein Beispiel für dieses Kreisler ganz eigene Genre zu geben, bei dem das künstlerische Resultat gleichsam musikgeneriert erscheint, möchte ich auf das Lied *Wo sind die Zeiten dahin* näher eingehen.

Wie man sieht, liegt dem Lied der erste Satz von Mozarts *Klaviersonate C-Dur* KV 545 aus dem Jahr 1788 zugrunde, die der musikalische Volksmund als *Sonata facile* zu bezeichnen pflegt. Kreisler hat diese Musik einem Verfahren unterzogen, das er selbst ›Austextierung‹[4] nennt und in Liedern, aber auch in Bühnenwerken zum Einsatz gebracht hat. So besteht das vierte Bild der 1999 uraufgeführten »musikalischen Komödie« *Du sollst nicht lieben* im wesentlichen aus einer Austextierung des ersten Satzes von Beethovens fünfter Symphonie. Im vorliegenden Fall ist ebenfalls nahezu der gesamte Satz austextiert, ohne Wiederholung der Exposition und mit der Verdoppelung der dritt- und vorletzten Takte als einziger Abweichung vom Original. Die künstlerische Triftigkeit dieses Verfahrens in Verbindung mit dem applizierten Text erschließt sich beim Hören sofort. Doch worauf beruht sie im Einzelnen? Nimmt man zunächst das Gesamtgebilde in den Blick, so ist die Absicht klar: es geht um eine ätzende Satire auf Kreislers Geburtsstadt Wien, zu der er begreiflicherweise ein höchst ambivalentes Verhältnis hat. Es war die Stadt, aus der er im September 1938 vor den Nazis floh, und deren Politik der ›Künstlerverhinderung‹ er mehrfach, beispielsweise 1996 in einem offenen Brief, anprangerte.[5]

Dass Mozarts *Sonata facile* einer Breitseite gegen Wien als geeignetes Trägermedium dienen kann, leuchtet unmittelbar ein. Dabei greift die semantische Unterstützung des Textes grundsätzlich auf mehreren Ebenen. Ganz allgemein fungiert das Werk in seiner Eigenschaft als eines der populärsten Stücke des populärsten unter den mit Wien verbundenen Komponisten gewissermaßen als klingendes Emblem der Stadt und eröffnet sofort entsprechende Assoziationszusammenhänge. Zu diesen gehört, dass es sich um ein Paradebeispiel der ›Wiener Klassik‹ handelt. In Verbindung mit dem Text, der die wienerische Traditionsfixiertheit aufs Korn nimmt, aktualisiert und repräsentiert die Musik das klassische Erbe, von dem Wien zehrt – man

---

4 So in einer Regieanweisung zu »Du sollst nicht lieben. Musikalische Komödie in siebzehn Bildern« (1999), Leihmaterial des stückgut Bühnen- und Musikverlag GmbH München, S. 14.
5 Süddeutsche Zeitung vom 1. Oktober 1996.

könnte auch sagen: die Lorbeeren, auf denen es sich ausruht. Ferner spielt die Schlichtheit und Simplizität der »leichten Sonate«, ihre Abgespieltheit in unzähligen Klavierstunden in das Urteil über die Wiener Mentalität hinein, das Kreisler mit diesem Lied fällt. Und nicht zuletzt schwingt im assoziativen Raum dieser Musik auch das volksläufige Wissen um Mozarts letzte Wiener Jahre mit, in denen es die Stadt ihrem Genie nicht eben leicht machte – ein Topos, der auch mit Blick auf Schubert, der komponierte, »weil er Hunger spürte«, aktualisiert wird.

Bemerkenswert ist nun insbesondere, wie präzise die sprachliche Schicht, die ›Austextierung‹ also, die Struktur der zugrundeliegenden Musik aufgreift, genauer gesagt, wie sinnfällig sie sich ihrer bedient. Zunächst gibt das Hauptthema den Tenor des Stückes vor: »Wo sind die Zeiten dahin / als es noch gmiatlich war in Wien?« Die folgenden »Als noch…«-Sätze führen diese Parole näher aus, indem sie ein Wien-Klischee an das andere reihen: herzige Fiaker, schneidige Husaren, die Hofburg, Marie Antoinette, der hungernde Schubert usw. Dabei korrespondiert die inhaltliche Klischeehaftigkeit, das Herunterbeten der Attraktionen mit der Mechanik der auf- und absteigenden Skalen. Gegen die Schlusskadenz des Hauptthemas in Takt 12 artikuliert Kreislers Text dann auch die Kehrseite der »Gmiatlichkeit«, nämlich Grauen und Tod. Nach der knappen Überleitung verkündet der Text des Seitenthemas die Devise »Wien bleibt Wien / des is grad des Schöne dran« etc., und was im Hauptthema die Skalen sind, sind hier die Dreiklangsbrechungen, nämlich musikalisch Schlichtestes, das Kreisler mit Sarkasmen über den Wiener Traditionalismus versprachlicht. Die drei Schlusstakte der Exposition bekräftigen musikalisch wie textlich das im Seitenthema Gesagte.

Die in Takt 29 einsetzende Durchführung vollzieht Kreislers Austextierung minutiös mit. Genau wie die *musikalische* Motivik knüpft sie zunächst an den Schluss der Exposition inhaltlich an und entfaltet dann in den traditionalistischen Gemeinplätzen genau das klischeehafte Material, das sich in den Skalen und den Dreiklängen der Exposition bereits vorgeprägt hatte. Die Reprise rekurriert wieder auf die Ambivalenz von Gemütlichkeit und Grauen. Allerdings tritt gegenüber der Exposition eine vehemente inhaltliche Steigerung dadurch ein, dass nun nicht mehr Kaiser Franz und seine Herrschaft, sondern Hitler und die Judenverfolgung genannt sind. Auch die im Bereich des Seitenthemas angeführten Beispiele für Rückständigkeit erscheinen in der Reprise intensiviert. Die Schlussgruppe wiederholt Kreisler – wie erwähnt, die einzige Modifikation gegenüber dem Original –, um hierdurch am Ende des Liedes anklingen zu lassen, dass Risikobereitschaft und der Wille, sich selbst zu ändern, der einzige Ausweg aus der Misere wären.

Abb. 4,1: Mozart, Klaviersonate C-Dur *KV 545* (Sonata facile) *aus dem Jahr 1788, erster Satz, T. 1-35. Notentext, von Friedrich Geiger nach der Einspielung des Liedes auf der LP* Everblacks *(1971, Intercord 180.020) um die von Georg Kreisler gesungenen Worte ergänzt.*

Abb. 4,2.

Musikalische Grenzen

Ähnlich, wie in dem Lied *Wo sind die Zeiten dahin* Mozarts *Klaviersonate* als klingendes Symbol für die Stadt Wien steht, rufen in Kreislers Œuvre häufig musikalische Genres das Milieu auf, das es zu schildern gilt. Zahlreiche Beispiele ließen sich anführen; stellvertretend sei das *Lied für Kärntner Männerchor* genannt, worin die Bizarrerie der Liedertafelwelt nicht nur im Text, sondern auch in der Musik durch groteske Überzeichnung ihrer stilistischen Stereotype offengelegt wird. Gerade in dieser karikierenden, bloßstellenden Funktion kann Musik politische Anliegen wirksam unterstützen, ein auch von anderen kritischen Komponisten gern genutztes Potential, wie sich beispielsweise an Hanns Eislers Liederzyklus *Zeitungsausschnitte für Gesang und Klavier* op. 11 beobachten lässt, einer Persiflage auf das romantische Klavierlied deutschen Typs. Man könnte Kreisler deshalb mit guten Gründen in einem Traditionszusammenhang kritischen Humors in der Musik sehen, der zu Beginn der 1920er-Jahre international hervortrat und ein breites Spektrum künstlerischer Ausdrucksformen aufwies, das sämtliche persiflierenden Kompositionsweisen wie musikalische Satire, Ironie, Groteske oder Parodie umfasste, bis hin zu den dadaistischen Kompositionen von Efim Golyšev, Erwin Schulhoff oder Hans Jürgen von der Wense. Gemeinsam war all diesen Spielarten der gegen die bürgerliche ›Institution Kunst‹ und ihre verklärenden Rituale gerichtete Impuls. Von hier aus lassen sich mehrere Parallelen zu Kreisler ziehen, beispielsweise was das Anrennen gegen den Konzertbetrieb als Ort bürgerlicher Selbstbeweihräucherung angeht.

Vor allem aber weist das Arsenal des kritischen Humors in der Musik ein Verfahren auf, das gerade von Kreisler perfektioniert wurde. Gemeint ist das gezielte Spiel mit den Grenzen zwischen sog. ernster und sog. Unterhaltungsmusik. Es ist ein Spiel, das sich zum einen in der prononcierten Markierung solcher Grenzen, zum anderen in deren systematischer Verwischung ergehen kann. Dabei liegt auf der Hand, dass sich die ›Institution Kunst‹ an diesem Punkt besonders empfindlich treffen lässt. So kritisiert Kreisler am Modell der Grenze zwischen ›U‹ und ›E‹ ganz unterschiedliche Facetten des Kulturbetriebs, beziehungsweise die dahinter wirksamen Denkweisen: In dem Lied *Bach in Boogie-Woogie* beispielsweise ist es der Hang zu leichter Konsumierbarkeit von Kultur auf Seiten des Publikums, der sich mit den wirtschaftlichen Interessen des Kulturmanagements zu einer gigantischen Verblödungsmaschinerie verbindet. Andererseits macht sich Kreisler genauso über die sozialen Abgrenzungsrituale derer lustig, die ängstlich auf die strikte Trennung der musikalischen Bezirke pochen.

Abb. 5: Beispiel für Georg Kreislers Verfahren der Austextierung in der musikalischen Komödie
Du sollst nicht lieben *(1999). Franz Liszt,* Liebestraum.
Berlin, Akademie der Künste, Georg-Kreisler-Archiv 198, S. 1

Dabei beruht die spezifisch kreislersche Kunst wesentlich auf dem nicht eben häufigen Fall, dass sich ihr Schöpfer in beiden Bereichen, dem ›E‹ wie dem ›U‹, gleichermaßen souverän bewegt. Aus dem Repertoire der europäischen Kunstmusik sind Johann Sebastian Bach, Ludwig van Beethoven, Antonín Dvořák, Franz Liszt und Wolfgang Amadeus Mozart die Komponisten, auf die sich Kreisler am ausgiebigsten bezieht, beispielsweise in den häufigen musikalischen Zitaten. Diese verleihen vielen seiner Lieder einen nonverbalen Subtext, der ihre gesellschaftskritische Aussage wesentlich verstärken kann. So zitiert Kreisler in *Sancta Politica*, dem sarkastischen Porträt des Typus Berufspolitiker, sinnfällig die Auftrittsarie *O sancta justitia* des selbstgefälligen Bürgermeisters Van Bett aus Albert Lortzings *Zar und Zimmermann*, die auch für Teile des Textes als Modell diente. So singt Van Bett etwa in der Mitte seiner Arie:

> Denn ich weiss zu bombardieren
> Zu rationieren und zu expektorieren,
> Zu inspizieren, zu räsonieren,
> Zu echauffieren und zu malträtieren.

Daraus wird bei Kreisler:

> Denn ich weiß zu intrigieren,
> zu insultieren,
> zu prozessieren,
> zu blamieren,
> inspizieren,
> kommandieren,
> kalkulieren,
> malträtieren,
> echauffieren,
> führen,
> rühren,
> schmieren,
> entnazifizieren.

Was die Genres der Popularmusik angeht, die Kreisler einsetzt – Jazz, Swing, Boogie-Woogie, Tango, Walzer, Wiener Lied, Chanson etc. – so dienen sie zum einen als Medium, über das sich das Publikum gut erreichen lässt:

> Als Künstler versuche ich nichts anderes als die Absurdität des Lebens zu beschreiben, sie in ihrer ganzen, bisweilen deprimierenden Wahrheit durch Worte und Musik darzustellen. Um das Publikum an dieser Wahrheit zu beteiligen, muss ich gleichzeitig amüsant sein, sonst verlieren die Leute das Interesse.[6]

---

6 Georg Kreisler, Mein Heldentod, Wuppertal 2003, S. 133.

heißt es in *Mein Heldentod*. Doch jenseits solcher kommunikativen Erwägungen verwendet Kreisler auch die populären Musiksprachen nie, ohne dass sich damit eine inhaltlich-dramaturgische Absicht verbände. Dabei ist der häufigste Fall der, dass zwischen der prononcierten Unbeschwertheit der Musik und schockierenden Textinhalten ein Kontrast erzeugt wird, sich ein Abgrund zwischen musikalischer und verbaler Semantik auftut. Zu den beklemmendsten Beispielen dieses Verfahrens gehört das Lied *Weg zur Arbeit*, das den täglichen Gang eines Überlebenden der Nazizeit schildert, der sich auf Schritt und Tritt mit den damaligen Tätern konfrontiert sieht (siehe den Text im Anhang).

Resümee

Die Kunst Georg Kreislers, so lässt sich festhalten, ist durch und durch politisch. Sie ist jedoch keine ›politische Kunst‹ im Sinne der geläufigen Genres. Vielmehr bezieht sie ihre Besonderheit und ihre durchschlagende Wirkung aus ihrer Fundierung in der Musik, durch die sie sich von anderen Formen politischer Kunst unterscheidet, selbst wenn diese Musik einbeziehen. Bei Kreisler indessen kann man von einer politischen Kunst sprechen, die in wesentlichen Zügen aus der Musik entsteht, die sich auf Musik als zentrales Paradigma bezieht und die ihre Dramaturgie zu weiten Teilen aus einem pluralistischen Musikverständnis bezieht, das souverän mit den gängigen Grenzverläufen zwischen ›high‹ und ›low culture‹ zu spielen weiß.

Versucht man diese fundamentale Bedeutung der Musik im Œuvre Kreislers und ihre spezifische Beziehung zu seinen gesellschaftlichen Anliegen zu begreifen, dann liegt es nahe, die Gründe im Biografischen zu suchen. Musik erscheint hier als Basis einer Lebensgeschichte, zu deren Grund- und Leiterfahrungen Ausgrenzung und Vertreibung gehören und die deshalb von vielerlei Wandel geprägt ist. In diesem Wandel bildete Musik, mehr noch als die Sprache, die Kreisler zweimal mühsam zu wechseln gezwungen war, die Konstante. Musik lieferte Kreisler den lebensnotwendigen Fluchtpunkt, auf den sich alles beziehen und durch den hindurch sich die kontinuierliche Erfahrung der Fremdheit erst artikulieren ließ. Insofern stehen Musik und Politik bei Kreisler in einer unauflöslichen Verbindung, in der sich die eine an der anderen stets neu aufzuladen vermag.

Anhang

1. Georg Kreisler, *Das Triangel*

> Ja, da sitz ich mitten im Orchester drin
> und halte bereit mein Triangel.
> Und endlich zeigt der Dirigent auf mich hin,
> und schon steh ich auf und mach: [♪]
>
> [...]
>
> Meistens werd ich schläfrig von all dem Getös,
> besonders bei Richard Strauss.
> Doch schlafen geht nicht: Der Dirigent wär ja bös,
> er braucht mich ja wegen dem [♪],
> ach, wär doch die Oper schon aus.
>
> Es ist schwer zu glauben, doch einst war ich jung
> und studierte an der Akademie.
> Ich spielte Klavier mit Elan und Schwung,
> meine Technik erregte Begeisterung,
> und man nannte mich ein Genie.
> Ich spielte Carnaval und die Sylphiden,
> die Rhapsodien und die Pathétique.
> Ich lernte Czernys und Chopins Etüden,
> und ich war jung und liebte die Musik.
> Und eines Tags sah ich mit viel Vergnügen
> neben den gesamten Werken Glucks
> im Musikgeschäft auch ein Triangel liegen.
> Da lachte ich und kaufte es – als Jux...
>
> [...]
>
> Man wird so nervös und der Sessel ist hart,
> und nie bekomm ich Applaus.
> So sitz ich halt da und wart und wart,
> bis ich aufstehn darf und mach: [♪],
> und dann ist die Oper aus.

2. Georg Kreisler, *Weg zur Arbeit*

Jeden Morgen gehe ich zirka acht Minuten lang,
Außer, wenn ich krank bin, von meiner Wohnung in meine Kanzlei.
Das ist schon seit Jahren so, ich bin nicht der einzige,
Für die meisten Leute geht das Leben so vorbei,

Ich grüße freundlich die Verkäuferin meiner Zeitung,
Sie hat es schwer heut seit jenem grausigen Prozeß.
Ihr Mann ist eingesperrt wegen so mancher Überschreitung,
Sie wurde freigesprochen, denn sie war nicht in der SS –
Obwohl sie wußte, was da vorging.

Und ich grüße ebenso den Friseurgehilfen Navratil,
Der auch in der SS war, oder war es die SA?
Einmal hat er angedeutet, während er mir die Haare schnitt,
was damals in Dachau mit dem Rosenblatt geschah.

Er war erst zwanzig, zwölf Jahre jünger als der Rosenblatt,
Jetzt ist er fünfzig und ein sehr brauchbarer Friseur.
»Grüß Gott, Herr Hauptmann!« – Der heißt nur Hauptmann,
Er war Oberst und hat in Frankreich einige zu Tode expediert,
Er ist noch immer Spediteur – es hat sich nichts geändert.

Drüben macht der Hammerschlag seinen Bücherladen auf,
Ich sehe noch heut vor mir, er ist damals so gerannt
Und hat direkt vor seinem Buchgeschäft einen Scheiterhaufen aufgestellt,
Und hat darauf Thomas Mann und Lion Feuchtwanger verbrannt.

Und Erich Kästner und den Kafka und den Heine
Und viele andere, die jetzt sein Schaufenster verziern,
Und er verkauft sie mit einem Lächeln an der Leine,
Ja, er muß leben und seine Kinder wollen studieren.
Er hat ja selbst den Doktor.

»Verehrung, Herr Professor! Wie geht's der Frau Gemahlin?«
»Danke!« – »Sie schauen blendend aus, wie bleiben Sie so jung?«
Das war Professor Töpfer, seinerzeit Völkischer Beobachter,
Anthropologie und Rassenkunde. Jetzt ist er beim Funk.

»Grüß Gott, Herr Neumann!« – Der ist nix, der ist erst dreißig.
Was war sein Vater? Na ja, er war jedenfalls Soldat.
»Habe die Ehre, Herr Direktor!« – Der ist gute fünfundsechzig,
Also muß er was gewesen sein. Heute ist er Demokrat.
Das sind wir schließlich alle.

Drüben ist der Eichelberger, Gummibänderhosenträger.
Das hieß früher Blau und Söhne, Herrentrikotage.
Nebenan war das Café Pinkelmann. Der Pinkelmann ist noch zurückgekommen,
Dann ist er wieder weggefahren, jetzt ist dort eine Garage.

Da kommt die Schule, da bin ich selber hingegangen,
Mein Deutschprofessor verdient noch immer dort Gehalt.
Der schrie: »Heil...«, na ja, das wird er heute nicht mehr schreien.
Was nur die Kinder bei dem lernen? Vielleicht vergessen sie es bald.
Ich kann es nicht vergessen.

So, jetzt bin ich endlich in meine Kanzlei gekommen,
Setz mich an den Schreibtisch und öffne einen Brief.
Doch bevor ich lesen kann, muß ich erst die Richtung ändern,
Blicke rasch zum Himmel auf und atme dreimal tief.

FRÉDÉRIC DÖHL

Georg Kreislers Musiktheater und das Format des Kammermusicals

I. Die Perspektive

> Das zieht sich durch mein ganzes Leben. Lieder schreiben, ja, gut. Schon in New York bin ich mit einem fertigen Stück ans Theater gegangen, das nie gespielt wurde. [...] Ich hätte lieber Theater gemacht als Kabarett.[1]

> Ich hab' mich mit zunehmendem Alter auch bemüht, vom Kabarett wegzukommen.[2]

So oder so ähnlich hat sich Georg Kreisler mehrfach während seiner Karriere geäußert und zu erläutern versucht, wo er das Schwergewicht seiner künstlerischen Neigungen sieht. Man könnte angesichts solcher Stellungnahmen durchaus meinen, dass für ihn jener Bereich seiner Arbeit, mit dem er Berühmtheit und breite künstlerische Anerkennung erlangt hat, nicht mehr denn ein ungeliebtes Kind darstellt, bessere Lohn- und Brotarbeit. Überhaupt dürfte diese Gewichtung die meisten an Kreislers Schaffen Interessierten auf den ersten Blick überraschen, zumindest wenn sie durch seine außerordentlichen Fähigkeiten als Komponist und Interpret der theatralischen Miniaturkunst des kabarettistischen Liedes ihren persönlichen Zugang zu diesem Künstler gefunden haben. Kreislers Aussagen sind jedoch nicht lediglich Koketterie. Hinter Ihnen stehen tatsächlich mehr als sechs Jahrzehnte Arbeit als Autor von Musiktheaterwerken und Dutzende vollendeter Werke.
Im Folgenden wird zu untersuchen sein, wie berechtigt die Theaterseite dieses Œuvres auf sich aufmerksam machen möchte und wie untrennbar zugleich das, was sich als ein wesentlicher Aspekt dieses Bühnenschaffens erweist, doch mit dem ›kabarettistischen Kreisler‹ in der künstlerischen Anlage wie in der Außenwahrnehmung dieser Arbeiten verbunden ist. Die beiden Sphären stehen sich also mitnichten an einer imaginären Front gegenüber. Dies lässt sich nicht nur analytisch anhand vieler Einzelaspekte von den dramaturgi-

---

1 Georg Kreisler, in: Hans-Juergen Fink/Michael Seufert, Georg Kreisler gibt es gar nicht. Die Biographie [2005], Frankfurt a.M. 2007, S. 211.
2 Die Tauben fliegen vergiftet im Park herum. Interview mit Christine Richard, in: Basler Zeitung vom 27. Mai 1995, S. 47.

schen Konzepten über die Verse bis zur Musik belegen, sondern wird gelegentlich sogar unmittelbar sichtbar, wenn nämlich beide Sphären ineinander aufgehen. Und es sind gerade jene Stücke wie *Heute Abend: Lola Blau* und *Adam Schaf hat Angst*, die sich bislang als besonders durchsetzungsstark erwiesen haben. Dem vorliegenden Blick auf das Musiktheaterschaffen Kreislers geht es daher nicht darum, alle Werke einzelnen vorzustellen und ihren Inhalt und ihre Geschichte zu referieren. Allein die Quantität der Arbeiten in diesem Bereich würde den Rahmen sprengen, der für diese Betrachtungen zur Verfügung steht – was für sich schon eine signifikante Aussage darstellt. So umfassen etwa die handschriftlichen Exemplare der Partiturautografe der beiden Opern *Der Aufstand der Schmetterlinge* (2000) und *Das Aquarium oder Die Stimme der Vernunft* (2006), die für diesen Beitrag im neuformierten Kreisler-Archiv der Berliner Akademie der Künste eingesehen wurden, insgesamt knapp 600 Notenseiten. Ferner wären Inhalt und Geschichte von bald 30 vollendeten Bühnenwerken zu erzählen, von den verschollenen oder unvollendet gebliebenen Projekten und denen für Sprechtheater oder Fernsehen ganz zu schweigen. Nach einer notwendigen Einführung wird anstelle einer solchen Sammlung von Kurzmonografien eine systematische Fragestellung im Mittelpunkt der Betrachtungen stehen, ausgerichtet am Rezeptionsbild, auf das man bei Georg Kreislers Musiktheater trifft. Dieser Ansatz bietet vor allem reichlich Potential für eine grundsätzliche Diskussion der oft auf ihre kabarettistische Dichtkunst reduzierten, bei näherem Hinsehen aber weitaus universelleren Künstlerpersönlichkeit. Das gilt umso mehr, da der ›Bühnenkünstler Kreisler‹ seit seinem altersbedingten Rückzug aus dem aktiven Konzertgeschehen vor einigen Jahren nicht mehr die Wahrnehmung seines eigenen Schaffens mitprägt, wie es in der Vergangenheit so stark der Fall war, so dass sich nun auch seine Arbeiten jenseits der musiktheatralischen Stücke (und der rein literarischen Werke) losgelöst von seiner Präsenz als Performer behaupten müssen. Vor diesem Hintergrund soll daher interessieren, warum jenes außerordentlich umfangreiche, von Kreisler noch immer fortgeschriebene Musiktheater- und Bühnenschaffen so offenkundig und zugleich seltsam quer liegt, nicht nur zu seinem Selbstverständnis als Künstler, sondern vor allem quer zu seiner Wahrnehmung durch Dritte, bevorzugt in der Forschung und den Medien sowie partiell auch bei Veranstaltern und Verlegern. In Anlehnung an den Titel von Hans-Juergen Finks und Michael Seuferts Biografie *Georg Kreisler gibt es gar nicht* könnte man hinsichtlich der Rezeption von Kreislers Arbeiten für das musikalische Theater die folgenden Überlegungen auch unter dem Titel »Georg Kreisler passt nicht« zusammenfassen. Sein Œuvre zeigt jedoch zugleich einen Ausweg aus den mit dieser Unangepasstheit einhergehenden Folgen auf, was eine bestimmte Seite seines Schaffens für das populäre Musiktheater geradezu zu einem Prototyp des Genres macht: Die Kammermusicals – ein Phänomen, das vor allem von den Kunstwissenschaften bislang vollständig übersehen wurde.

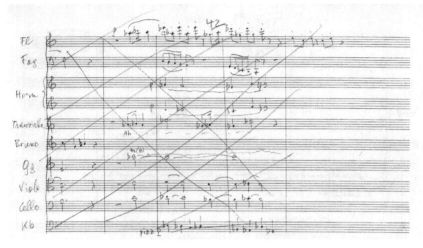

Abb. 6: Gestrichene Akkolade in der autografen Partitur von Das Aquarium oder Die Stimme der Vernunft *(2006).*
Berlin, Akademie der Künste, Georg-Kreisler-Archiv 346, S. 42

II. Zur Einführung

Wie lernt man heutzutage Kreislers Werk kennen, gerade als Angehöriger einer nachwachsenden Generation, die seine Hochphase nicht mehr miterlebt hat? Man lehnt sich wohl nicht zu weit aus dem Fenster, wenn man annimmt, dass der Erstkontakt in der Regel über seine Kabarettlieder erfolgt. So ging es dem Autor, so ging es allen, die er eben hierzu befragt hat und so ist es anhand der Foren und Diskussionsgruppen im Internet zu verfolgen, die sich Georg Kreisler widmen.[3] Trotz der beschränkten Aussagekraft solcher Momenteindrücke scheinen die Lieder der übliche Zugang zu sein – und dies trotz der Fülle von Kreislers sonstigem, insbesondere literarischen und theatralischen Schaffen. Gewiss, auch einige Bühnenwerke waren in den letzten 20 Jahren in Deutschland zu erleben. Doch in einer Musiklandschaft, die so sehr zur Schublade neigt wie die unsere, scheint Georg Kreisler je-

---

3 Vgl. etwa das Georg-Kreisler-Internet-Forum (http://www.gkif.de), das Georg Kreisler Diskussionsforum (http://www.georgkreisler.net) und die Gruppe Georg Kreisler (http://www.studivz.net, dort unter Gruppen) [alle Seiten: 20. Oktober 2008].

denfalls nicht zuerst mit Musiktheater assoziiert zu werden. Man vergleiche etwa, unter welchen Rubriken seine Tonträger in Musikgeschäften zu finden sind. Auffällig ähneln sich auch die fast immer gleich betitelten Presseberichte zu runden Geburtstagen. Hier heißt es stets entweder ›Der Kabarettist Georg Kreisler‹ oder noch öfter, in Anspielung auf eines seiner bekanntesten Lieder, schlicht ›Der Taubenvergifter‹, nie aber der Operetten- oder der Musicalkomponist.[4] Hiermit korrespondiert der Inhalt von Interviews, von denen für den vorliegenden Beitrag etwa drei Dutzend ausgewertet wurden und in denen man Georg Kreisler kaum zum Bereich des Musiktheaters befragt. Auch die jüngere deutschsprachige Literatur zum populären Musiktheater im Allgemeinen und zum Musical im Besonderen, vom Bereich der Oper ganz zu schweigen, übergeht Kreisler regelmäßig.[5] Im Hinblick auf sein Musiktheaterschaffen begünstigt diese mediale Außenwahrnehmung – oder besser Nichtwahrnehmung – nicht zuletzt, dass ausgerechnet das bis heute mit Abstand am weitesten verbreitete und vermutlich bekannteste Bühnenwerk aus Kreislers Feder mit dem Bereich des Musiktheaters in Verbindung zu bringen ist, *Heute Abend: Lola Blau*. Zusätzlich steht dieses Stück durch seine solistische Besetzung und das vorherrschende Liedformat strukturell eben jener Schublade ausgesprochen nahe, in der sich der gebürtige Österreicher mit amerikanischer Staatsbürgerschaft seit Jahrzehnten wiederfindet: Georg Kreisler, Liedkomponist und -performer; Genre: Kabarett. Kreisler selbst hat sich zu diesem Aspekt seiner Wirkungsgeschichte in einem 1998 in Briefform geführten Zeitungsinterview mit der ihm eigenen Nachdrücklichkeit geäußert (das Gespräch verdankte seinen unerwarteten Titel *Ob ich ein intelligenter Rex Gildo sei?* einer an ihn gerichteten Frage):

> Entertainer? Meine Stücke *Polterabend, Der tote Playboy, Hölle auf Erden, Oben* und so weiter werden im gesamten deutschen Sprachbereich aufgeführt, *Lola Blau* wurde in sechs Sprachen übersetzt und schaffte es bis Australien, meine Bearbeitungen von *Lumpazivagabundus, Der Vogelhändler, Das Orchester*, um nur einige zu erwähnen, wurden bei den Salzburger Festspielen und auch im Fernsehen aufgeführt, ich habe Romane und Kurzgeschichten geschrieben, die Musik zu einer Operette und und

---

4 Im Kreisler-Archiv der Akademie der Künste in Berlin finden sich zahlreiche Ordner, in denen entsprechende Artikel gesammelt sind. Die obige Aussage basiert auf der Auswertung von gut 150 Beiträgen zu seinem 70. und 75. Geburtstag.
5 So bleibt Georg Kreisler u.a. in folgenden Publikationen unerwähnt: Charles B. Axton und Otto Zehnder, Reclams großes Musical-Buch, Stuttgart 1997; Günter Bartosch, Das ist Musical! Eine Kunstform erobert die Welt, Essen 1997; Armin Geraths und Christian Martin Schmidt (Hg.), Musical. Das unterhaltende Genre, Laaber 2002; Wolfgang Jansen, Cats & Co. Geschichte des Musicals im deutschsprachigen Theater, Berlin 2008; Thomas Siedhoff, Handbuch des Musicals. Die wichtigsten Titel von A bis Z, Mainz 2007.

und. Dass Andere als »Autoren« bekannter sind als ich, liegt teilweise daran, dass sie nicht auch Entertainer sind.[6]

Von diesem Erstzugang über den Teilbereich seiner kabarettistischen Lieder gelangt ein jeder früher oder später zu einem Verzeichnis von Kreislers Werken, sei es in der bereits angesprochenen Biografie, Kreislers eigenen oder sonstigen Websites im Internet[7] oder in lexikalischen Berichten. Wer nicht schon überrascht ist, überhaupt Bühnenwerke vorzufinden, etwa weil ihm das eine oder andere von Aufführungen bekannt ist, der wird zu aller erst über die schiere Quantität staunen, die dieser Teilbereich in Kreislers Gesamtschaffen ausmacht. Die Rubrik Bühnenwerke umfasst, soweit es aufgearbeitet werden konnte, 29 vollendete und erhaltene Stücke, wovon drei – *Atempause*, *Sodom und Andorra* und *Bonifacio und die Billionen* – dem Sprechtheater zuzurechnen sind und im Kontext dieses Beitrags daher nur der Vollständigkeit halber interessieren. Rechnet man zwei Arbeiten für das Fernsehen und mehrere unvollendet gebliebene oder verschollene Stücke mit, insbesondere aus den amerikanischen Jahren (1938-1955), so kommt man auf eine verifizierbare Gesamtzahl von 38 Werken, in denen er sich theatralisch kreativ betätigt hat und zu denen Material erhalten ist.[8] Die 26 vollendeten Stücke, die man der Gattung Musiktheater zuordnen kann, umfassen einen Zeitraum von aktuell 62 Jahren, beginnend mit dem Musical *Out of this world*, das Kreisler 1944 während seiner Zeit in der amerikanischen Armee verfasst und dort mit etwa 30 Kollegen in Szene gesetzt hat[9], und bislang endend mit dem jüngsten *Opus*, der Oper *Das Aquarium oder Die Stimme der Vernunft* (2006). Dabei ist insbesondere zu konstatieren, dass die Werke relativ kontinuierlich verfasst werden. Die einzige größere Lücke bei Arbeiten für das Musiktheater besteht, folgt man der gesicherten Materiallage, zwischen 1946 und 1962. Hierbei ist allerdings zu bedenken, dass Kreisler sich nach Kriegsende und wieder Mitte der 1950er-Jahre zumeist in New York aufhielt und mit neuen, von den Kriegsstücken abweichenden Musicals vergeblich sein Glück am Broadway versuchte, über die heute nur wenig bekannt und

---

6 Georg Kreisler, in: Neue Züricher Zeitung, Folio, Ob ich ein intelligenter Rex Gildo sei? Interview mit Ursula von Arx, Juli 1998, S. 58; vgl. auch http://www.nzzfolio.ch/www/d80bd71b-b264-4db4-afd0-277884b93470/showarticle/10ada501-eff5-4d9e-8c1e-bb5c55-c1466f.aspx [20. Oktober 2008].
7 Georg Kreislers eigenen Internetauftritt findet man unter http://www.georgkreisler.de [20. Oktober 2008].
8 Vgl. Werkverzeichnis bei Frédéric Döhl: Georg Franz Kreisler, in: Lexikon verfolgter Musiker und Musikerinnen der NS-Zeit, hg. v. Claudia Maurer Zenck und Peter Petersen, http://www.lexm.uni-hamburg.de [13. Februar 2009].
9 Fink/Seufert, Georg Kreisler gibt es gar nicht (Anm. 1), S. 119.

von denen kaum etwas erhalten ist.[10] Die Vorstellung einer 16-jährigen Pause bei musiktheatralischen Projekten würde also die tatsächliche Entwicklung Kreislers ebenso unvollständig wiedergeben wie die Annahme, er hätte erst nach seiner Rückkehr nach Wien in diese Richtung zu arbeiten begonnen. Vielmehr ist der Musiktheaterkomponist Kreisler ebenso in der amerikanischen Zeit ausgebildet worden wie der Kabarettpianist und -sänger.

Neben der Fülle an Stücken erstaunt die enorme Bandbreite an verwendeten Gattungsbezeichnungen. Zusätzlich kompliziert sich die Lage, wenn die Formatnamen bei vielen Werken zwischen den verschiedenen Informationsressourcen divergieren. Die verfügbaren Quellen umfassen dabei Programmhefte, Tonträger, Noten, eigene und fremde Websites, die Biografie von Fink und Seufert und sonstige eigene wie fremde Bücher, Zeitungsberichte sowie diverse Archivmaterialien vom Entwurf bis zum Autograf. U.a. begegnet man hierin den folgenden Termini: Komische Oper, Satirische Oper, Operette, Wiener Operette, Komödie mit Musik, musikalische Tragikomödie, musikalisches Lustspiel, Singspiel, Musical, Endzeit-Musical, Musical für eine Schauspielerin bzw. für einen Schauspieler, Farce, Satire, satirisches Theaterstück mit Musik und – besonders ungewöhnlich – Gesellschaftsspiel mit Musik. Wie kommt es zu einer solchen Vielfalt? Soweit verifizierbar ist sie überwiegend nicht durch Aufträge bzw. Anregungen Dritter zu erklären und damit dem Kontext der jeweiligen Werkentstehung geschuldet, sondern Ausdruck einer Suche nach einem Platz für die eigene Spielart populären, komischen Musiktheaters in der deutschsprachigen Bühnenlandschaft. Mit dieser Vielfalt an Gattungsbezeichnungen stellt Kreislers Œuvre einen Sonderfall in der jüngeren deutschen Musiktheatergeschichte dar.

Ebenso vielseitig wie die Gattungsbezeichnungen der Werke ist der Wechsel kreativer Funktionen, in denen Georg Kreisler für die Bühne arbeitet und die sich beileibe nicht immer gleichen. Mal zeichnet er für Buch, Musik und Verse verantwortlich wie in *Polterabend, Heute Abend: Lola Blau, Der tote Playboy, Oben, Die schöne Negerin, Das deutsche Kind, Ein Tag im Leben des Propheten Nostradamus, Der Aufstand der Schmetterlinge, Adam Schaf hat Angst* und *Das Aquarium oder Die Stimme der Vernunft*. Mal ist er in der klassischen Bühnentheaterrolle eines Komponisten aktiv, der mit einem Texter und Buchautoren kooperiert, wie in *Elefantenhochzeit* mit Wolfgang Lesowsky und *Maskerade* mit Walter

---

10 Kreisler, in: Basler Zeitung (Anm. 2), S. 47. Kreisler äußerte sich im Gespräch mit dem Autor während der Veranstaltung am 29. November 2007 zu diesem Punkt: »Aber wenn man von vornherein in Nachtlokalen gearbeitet hat… ich habe ja auch nur in den letzten vier Jahren eigentlich in New York gearbeitet. […] Also: leider bin ich mit dem Broadway nicht in Berührung gekommen, ich habe Verschiedenes zwar eingereicht, aber ohne Erfolg«. Im Kreisler-Archiv der Akademie der Künste in Berlin finden sich einige wenige Belege für die verschollenen Werke jener amerikanischen Phase wie »Son of a gun« oder »Think well of us«, insbesondere Entwürfe für Texte und Handlungen.

Reisch. Des Weiteren finden sich Bühnenwerke, für die Kreisler nur den Text und das Buch lieferte, wie zwei Sprechtheaterstücke[11] und die Musiktheaterwerke *Hölle auf Erden*, *Die Klezmer* und *Mister Elfenbein*, letzteres mit Musik von Art Paul. Weiter gibt es Arbeiten, für die nur Texte übersetzt und/oder bearbeitet werden, z.B. *Der Vogelhändler* von Carl Zeller und *Bonifacio und die Billionen* von Jao Bethencourt. Und schließlich findet man einen nicht geringen Teil in diesem der Bühne gewidmeten Bereich des Œuvres, der auf textlichen und musikalischen Bearbeitungen fußt bzw. im Rahmen einer Bearbeitung neue Musik und/oder neuen Text, primär als Lieder, ergänzt, etwa in *Lumpazivagabundus*, *Geld oder Leben*, *Das Glas Wasser*, *Das Orchester*, *Jacobi und Leidental* sowie *Trilli*. In anderen Werken, etwa *Du sollst nicht lieben*, bearbeitet Kreisler Instrumentalstücke des klassischen Repertoires, textiert und neu kontextualisiert sie, wie man es aus einigen seiner prominentesten Kabarettlieder kennt.[12] In seinen bis dato erfolgreichsten Bühnenstücken (gemessen an ihren Aufführungsorten sind dies *Heute Abend: Lola Blau* und *Adam Schaf hat Angst*) bearbeitet sich Georg Kreisler gleich selber, indem er alte Lieder neu textiert, kontextualisiert und in einen größeren dramaturgischen Zusammenhang stellt.[13] Georg Kreislers Arbeit für das Musiktheater lässt sich schwerlich auf einen Nenner reduzieren. Auch insoweit erweist sich der Musiktheaterschaffende Kreisler als Sonderfall, da er zum einen viele Werke alleine erstellt hat und zum anderen in wechselnden Funktionen an weiteren Projekten beteiligt war. Das gilt erst recht angesichts eines Arbeitsbereichs wie dem populären Musiktheater, das seit ehedem und im Musical ganz besonders von Arbeitsteilung geprägt ist.[14]

III. Die Bühnenpräsenz der Werke

Hinsichtlich der Frage, ob Georg Kreislers Bühnenwerke aufgeführt werden oder zumindest wurden, lässt sich eine klare Aussage nicht treffen, da

---

11 »Atempause« und »Sodom und Andorra«.
12 Vgl. »Der Musikkritiker« oder »Opernboogie«. In »Du sollst nicht lieben« werden hierneben in geringem Umfang auch eigene Stücke bearbeitet.
13 Umgekehrt proportional zu »Du sollst nicht lieben« wird in »Heute Abend: Lola Blau« und »Adam Schaf hat Angst« in geringem Maße auch Fremdmaterial verarbeitet.
14 »Wie in der Oper entstehen Musicals als Gemeinschaftswerk von mehreren Künstlern. Doppelbegabungen sind rar. [...] Häufiger indes verbindet sich ein Team von drei Personen, zwischen denen die unterschiedlichen Bereiche Musik, Songtexte und Buch aufgeteilt werden. [...] Die Norm ist jedoch ein noch größeres Team.« Wolfgang Jansen, Exkurs: Musicals in der Produktion. Zur Realisierungsphase als Konstituens des Werkes, in: Geraths/Schmidt (Hg.), Musical (Anm. 5), S. 268.

die Antwort für die 26 Musiktheaterwerke jeweils sehr verschieden ausfällt. Sechs von ihnen wurden, soweit es nachvollzogen werden konnte, bislang nicht aufgeführt.[15] Bei neun weiteren, unter ihnen die Oper *Der Aufstand der Schmetterlinge*, ergaben die Quellen nur einen Aufführungsort, wo die Stücke zwar durchaus länger und mit zum Teil sehr positiven Reaktionen bei Publikum und Kritik liefen.[16] Aus unterschiedlichen Gründen haben sie es bislang aber nicht geschafft, nach ihrer Erstaufführung auf deutschsprachigen Bühnen Fuß zu fassen. Rechnet man weiter hinzu, dass für die drei Werke *Jacobi und Liliental*, *Oben* und *Trilli* jeweils zwei Inszenierungsorte ermittelt werden konnten, so muss man festhalten, dass von den 26 Bühnenwerken seines Werkverzeichnisses mit 18 Stücken knapp drei Viertel (69%) dieser Arbeiten bislang nicht oder wenigstens nicht nachhaltig dazu beitragen konnten, die Rezeption von Georg Kreisler – zumindest auch – als Autor von Musiktheater zu etablieren. Mittlere Verbreitung haben die folgenden Stücke gefunden: *Meine Schwester und ich*, eine Bearbeitung eines Singspiels von Ralph Benatzky aus dem Jahr 1964 (seinerzeit Grundlage für eine Tournee von Vico Torriani), *Polterabend* aus dem darauffolgenden Jahr (das u.a. in Zürich, Wien und Berlin gegeben wurde), *Das Glas Wasser* (eine von Kreisler 1967 angefertigte musikalische Bearbeitung einer Komödie von Eugéne Scribe aus dem Jahr 1840, die noch 2006 und 2007 im Züricher Estrich Theater gegeben wurde), weiter das ebenfalls auf Tournee gewesene, als Musical eingerichtete Stück von Jean Anouilh mit dem Titel *Das Orchester* (1979) sowie *Du sollst nicht lieben* (1999), das bislang in bald drei Dutzend Städten im deutschsprachigen Gebiet gezeigt wurde.[17] *Adam Schaf hat Angst* schließlich ist in diesem Zusammenhang ein spezieller Fall. Nach der Uraufführung im Berliner Ensemble 2002 war es zunächst in der Versenkung verschwunden. Erst eine Neuinszenierung Ende 2006 durch Georg Kreisler mit Tim Fischer im Hamburger Schmidt Theater verhalf dem Stück zu neuem Leben. Seitdem haben Fischers Tourneen *Adam Schaf hat Angst* auf gut 50 Bühnen gebracht.[18] Bliebe es bei dieser Bilanz und ließe man Tim Fischers Einsatz einmal außen vor, dann könnte man dazu neigen, diesen Bereich von Georg Kreislers Schaffen in der Tat in jener Verschattung zu belassen, in dem es sich zur Zeit in der allgemeinen Wahrnehmung befindet. Im Vergleich zu seiner über ein halbes Jahrhundert erprobten Wirkung als Kabarettautor und -performer vermögen es die vor-

---

15 »Geld oder Leben«, »Die schöne Negerin«, »Willkommen zu Hause«, »Die Klezmer«, »Mister Elfenbein« und »Das Aquarium oder Die Stimme der Vernunft«.
16 »Lumpazivagabundus«, »Der Vogelhändler«, »Hölle auf Erden«, »Der tote Playboy«, »Elefantenhochzeit«, »Maskerade«, »Das deutsche Kind«, »Ein Tag im Leben des Propheten Nostradamus« und »Der Aufstand der Schmetterlinge«.
17 Vgl. http://www.stueckgutverlag.de/du-sollst-nicht-lieben.html [4. Februar 2009].
18 Vgl. das Newsletter-Archiv mit allen Auftrittsdaten seit 2006 unter http://www.timfischer.de [20. Oktober 2008].

genannten Daten zum Musiktheater jedenfalls bzgl. der Aufführungsdimensionen nicht, die Rezeption des kreislerschen Wirkens grundlegend neu zu akzentuieren. Doch ohne im Einzelnen prüfen zu können, ob dieser Verschattung denn, wenn es die Aufführungszahlen nicht vermögen, so doch die künstlerische Substanz der Werke etwas entgegenzusetzen hätte (was angesichts der geschilderten Vielseitigkeit des musiktheatralischen Œuvres und der Bestände im Kreisler-Archiv der Berliner Akademie der Künste ein durchaus reizvolles Unterfangen wäre), so ist zu konstatieren, dass sich diese Nichteinsortierung Kreislers in die Schublade ›Populäres Musiktheater‹ bereits an einem einzigen *Opus* bricht, *Heute Abend: Lola Blau*, ein ›Musical‹ betiteltes Stück aus dem Jahr 1971 für eine Schauspielerin plus Klavierbegleitung und Stimmen aus dem Off. Hierfür schrieb Kreisler eine Handlung sowie überleitende Texte und textierte eigene alte Lieder neu.[19] Im Theater in der Josefstadt in Wien, Ort seiner Uraufführung, erlebte das Werk zwischen 1971 und 1974 stolze 165 Aufführungen.[20] Mehr Zahlen waren zwar bislang nicht aufgearbeitet und Kreisler selbst, doch einmal auf das Musiktheater angesprochen, antwortet stets nur vage mit der Angabe, dass es regelmäßig gespielt würde. Auf Basis von Programmen und Rezensionen bzw. Ankündigungen in Tageszeitungen ließ sich jedoch ein präziseres Bild zur Verbreitung dieses Werks ermitteln, das sich stichprobenartig auf die Jahre 1987 bis 1997 beschränkt. Schon auf Grundlage dieses Ausschnitts erweist sich das Ergebnis für ein Werk sehr eindrucksvoll, das selbsternannt ein ›Musical‹ sein will und im Gegensatz zu aktuellen Veröffentlichungen in älteren Abhandlungen auch so rezipiert worden ist[21]. Seine Besonderheit wird aber augenscheinlich, wenn man sich vergegenwärtigt, was gemeinhin als ausschlaggebend für dieses Genre gilt:

> Da die Autoren für die Gegenwart schreiben, leitet sich hieraus auch das einzig allgemein akzeptierte Gütesiegel der Musicalwelt ab: der Erfolg. Nur ein erfolgreiches Musical ist ein gutes Musical. Und der Erfolg ist messbar: Er drückt sich nicht so sehr in der Zustimmung durch die Kritik, der Auszeichnung mit Preisen oder der Aufnahme in die Theatergeschichtsschreibung aus. Vielmehr zählen ausschließlich die Länge der Laufzeit, die Menge der Zuschauer, der Verkauf der Produktion ins Ausland sowie letztlich der Kassenstand.[22]

---

19 Fink/Seufert, Georg Kreisler gibt es gar nicht (Anm. 1), S. 235.
20 Programm »Heute Abend: Lola Blau« im Kleinen Theater Salzburg 1995, Kreisler-Archiv der Akademie der Künste, Berlin, Sign. 785.
21 »Ein Musical besonderer Art und Prägung erlebte am 17.10.1971 im Theater in der Josefstadt seine Uraufführung: Georg Kreislers Ein-Personen-Stück ›Heute Abend – Lola Blau‹.« Helmut Bez, Jürgen Degenhardt und Heinz P. Hofmann, Musical. Geschichte und Werke, Berlin 1980, S. 85.
22 Jansen, Exkurs: Musicals in der Produktion (Anm. 14), S. 274.

Abb. 7: Das KZ-Syndrom *(undatiert).*
Berlin, Akademie der Künste, Georg-Kreisler-Archiv 415/24, S. 1

Für den entsprechenden Zeitraum konnten Aufführungen in 187 verschiedenen deutschen Spielstätten nachgewiesen werden. Im Leipziger Kellertheater in den Jahren 1983 bis 1990 sowie im Stadttheater Heidelberg zwischen 1991 und 1997 alleine war das Stück jeweils mehr als 200 Mal zu sehen. Wenn man alle Aufführungsorte in Deutschland in einer Karte einträgt, so lässt sich getrost behaupten, dass *Heute Abend: Lola Blau* nicht nur regelmäßig, sondern auch flächendeckend gespielt wurde. Daneben konnten für den Untersuchungszeitraum Inszenierungen in Österreich, der Schweiz und Belgien sowie in Bukarest, London und Moskau nachgewiesen werden. Nach der eben zitierten Definition von Erfolg im Bereich des Musicals – sie stammt vom langjährigen Vorsitzenden der Gesellschaft für unterhaltende Bühnenkunst (GUBK) Wolfgang Jansen[23] – genügt *Heute Abend: Lola Blau* den hier formulierten Maßstäben aufs Genaueste. Allein in Deutschland erreichte des Stück in den letzten Jahren regelmäßig dreistellige Aufführungsraten.[24] Dies wirft die Frage auf, warum Kreisler nicht wenigstens mit diesem *Opus* allgemein als Autor fürs Musiktheater akzeptiert wird.

Die Spielstätten, auf die man in der Stichprobe stößt, decken die gesamte denkbare Bandbreite ab. *Heute Abend: Lola Blau* wurde zwischen 1987 und 1997 ebenso in kleinen wie großen Häusern sowie auf Studiobühnen und in Kammerspielen zahlreicher Staats-, Landes- und Stadttheater gegeben. Des Weiteren findet man es in Keller- und Kabarettheatern, bei Theaterfestivals und in Theatercafés sowie in unorthodoxen Spielstätten wie Synagogen, Klöstern, Kirchen und Museen, daneben in Bibliotheken, Kur- wie Rathäusern, in Stadthallen, Brauhäusern und Jugendzentren, in Universitäten und Schulen sowie in Räumlichkeiten von Banken und Sparkassen. Man möchte annehmen, dass kein anderes Werk des populären deutschsprachigen Musiktheaters auch nur annähernd eine vergleichbare Vielseitigkeit an Aufführungsorten erreicht. Zugleich widerspricht es damit einer gängigen These zu diesem Genre: »Das kommerzielle Musical ist eine Großstadtkultur und gehört nur in die wirklich großen, möglichst kosmopoliten und auch anderweitig interessanten Städte.«[25]

---

23 »Rund neunzig Prozent des Musical- und Varietémarktes mit einem Umsatz im dreistelligen Millionenbereich [sind in der GUBK, Anm. d. Verf.] organisiert«, der Jansen zwischen 1991 und 2003 vorstand. Jansen, Cats & Co. (Anm. 5), S. 265.
24 Deutscher Musikrat, »Musicals mit den meisten Aufführungen in Deutschland«, Statistik vom 14.10.2008, http://www.miz.org/intern/uploads/statistik75.pdf [8. Januar 2009]. Die Aufführungszahlen für »Heute Abend: Lola Blau« lauten hiernach: 116 (2002/03), 163 (2003/04), 123 (2004/05), 91 (2005/06) und 107 (2006/07), was etwa für die Saison 2006/07 Platz 19 bedeutet.
25 Thomas Siedhoff, Handbuch des Musicals (Anm. 5), S. 9.

IV. Einschätzung des Gesamtbildes

Vergleicht man den enormen Verbreitungsgrad von *Heute Abend: Lola Blau* mit dem weitaus bescheideneren von Georg Kreislers sonstigem Musiktheaterschaffen, so lässt sich fragen: Warum wird dieses eine Stück so regelmäßig und oft inszeniert, im Gegensatz zu den seltenen oder ausbleibenden Aufführungen anderer Stücke? Die jener Frage zugrunde liegende Beobachtung führt weiter zur These, dass Kreisler außerhalb des Fokus von Theaterkritik und Musikjournalismus das meistgespielte und damit erfolgreichste Werk im deutschsprachigen populären Musiktheater der letzten 40 Jahre geschrieben hat. Angesichts dieser Faktenlage ist die Nichtbeachtung des Bühnenautors Kreisler in der gängigen Forschungsliteratur sowie dem Feuilleton unangemessen und kritisch zu hinterfragen.

Unbestreitbar bietet das Kammermusical Georg Kreislers ein brauchbares Modell für populäres Musiktheater, um hierzulande aufgeführt zu werden. Begibt man sich für einen Augenblick in das Umfeld weit verbreiteter Klischees zur vermeintlich monochromen, von wenigen Anbietern und stets den gleichen Stückformaten beherrschten Landschaft populärer Bühnen im deutschsprachigen Raum, begegnet man zunächst der anklagenden Frage, wo das niveauvolle deutschsprachige populäre Musiktheater/Musical heute noch ein Zuhause habe. Mögliche Antworten und Vermutungen gehen hierbei ineinander über: Erstens nicht bei einem der knapp 100 deutschsprachigen Opernhäuser, so das Lamento weiter, da hier selten etwas anderes Populäres außer Strauß' *Fledermaus* und gelegentlich ein Musicalklassiker wie *Kiss me, Kate* oder *West Side Story* zu hören sei, zumeist jenseits des eigentlichen Repertoireprogramms. Zweitens gäbe es Operettenhäuser wie vor 100 Jahren faktisch nicht mehr und der Versuch der Operette, sich in die Obhut der Opernhäuser zu begeben, sei selten geglückt. Drittens blieben viele Musical-Häuser, die in einem eng gesteckten Markt von wenigen Produzenten bedient werden, über lange Strecken einem einzigen Werk vorbehalten und würden selten (wegen der immensen finanziellen Risiken in diesem weithin unsubventionierten Bereich) für im Original deutschsprachige Stücke geöffnet. Das zöge viertens nach sich, dass deutschsprachige Werke regelmäßig nicht vom internationalen Großformat abweichen dürften, wollten sie sich nicht von vornherein jeder Aufführungsmöglichkeit berauben, wie Musicals à la *Elisabeth* oder *Der Tanz der Vampire* zeigten. Fünftens verblieben daher als Spielorte nur die Bühnen der Sprechtheater (wo auch *Heute Abend: Lola Blau*, *Du sollst nicht lieben* und *Adam Schaf hat Angst* überwiegend inszeniert werden), an denen bei bescheidenen musikalischen Ressourcen eben nur klein besetzte Stücke eine Chance hätten.

Doch so einfach liegen die Dinge nicht. Denn entgegen dieser landläufigen Meinung werden im deutschsprachigen Bereich jährlich allein ca. 80 bis 100 Werke uraufgeführt oder neu einstudiert.[26] Die Szene ist also ausgesprochen vielseitig und lebendig. Die Bandbreite der beteiligten Bühnen reicht dabei vom Jugendclub bis zur Staatsoper, die Auswahl der Stücke von Erstwerken unbekannter lokaler Autoren bis zu Klassikern des internationalen Repertoires wie *My Fair Lady*. Ein Blick auf die Struktur der deutschen Musiktheaterlandschaft kann also alleine nicht erklären, warum *Heute Abend: Lola Blau* derartige Aufführungsraten erreicht. Gewiss erlaubt dieses Stück, dank seiner Besetzung überall inszeniert zu werden. Man mag das, nicht zuletzt unter dem Gesichtspunkt der ökonomischen Bedingungen bei der Produktion von populärem Musiktheater, einen Wettbewerbsvorteil nennen. Es bedarf nur einiger überzeugter Akteure, um das Werk auf die Bühne zu bringen, da für eine Realisierung keine großen Kosten den Weg verstellen. Stärker als diese praktischen Erwägungen sind jedoch zur Erklärung des Erfolgs von Georg Kreislers intimem Musiktheaterkonzept dessen Erfahrung und Ruf als darstellender Kabarettkünstler und damit jene Seite seines Wirkens zu berücksichtigen, mit der er gemeinhin assoziiert wird. Hier laufen also die Fäden von Kabarett und Theater, die eingangs mit den zitierten Selbstzeugnissen getrennt wurden, wieder zusammen. Rudolf Weys zitierte in seinem Buch über das Wiener Kabarett einst Werner Fink mit den Worten: »Kabarett ist, was nicht ins Theater paßt und nicht auf die Operettenbühne. Ideell heißt Kabarett: die Einzelpersönlichkeit nimmt den Nahkampf mit dem Publikum auf.«[27] Eben dies dürfte der ausschlaggebende Punkt sein, der den Reiz gerade jener minimalistischen Kabarettwerke wie *Heute Abend: Lola Blau* für das Musiktheater ausmacht und der maßgeblich dazu beiträgt, dass sich das Stück gegen die große Konkurrenz am Markt behaupten kann. Im Hinblick auf *Heute Abend: Lola Blau* lässt sich auf Grundlage des ausgewerteten Quellenmaterials feststellen, dass gerade dieser Aspekt des ›Nahkampfes‹ offenkundig Künstlerinnen anspricht, sich der weiblichen Hauptrolle des Stücks anzunehmen. Es sind nicht wenige Darstellerinnen, die sich das Stück im Lauf der Jahre angeeignet haben – anders als im Fall von *Adam Schaf hat Angst*, das derzeit noch (fast) ausschließlich von Tim Fischer gespielt

---

26 So Wolfgang Jansen anlässlich der Konferenz »Die Rezeption des Broadwaymusicals in Deutschland« (Kurt Weill Fest, Dessau, 7./8. März 2008). Vgl. hierzu auch die Vorschau der Musical-Premieren für die Saison 2008/2009 unter http://www.musicals-magazin.de/files/vhosts/musicals-magazin.de/Extras/Saisonvorschau/musicals_Saison_08-09.pdf [20 Oktober 2008].
27 Rudolf Weys, Cabaret und Kabarett in Wien, Jugend und Volk, Wien 1970, S. 7.

wird.²⁸ Vielmehr ist *Heute Abend: Lola Blau* an mehr als drei Viertel der für die Jahre 1987 bis 1997 ermittelten knapp 200 Aufführungsorten mit verschiedenen Hauptdarstellerinnen in Szene gegangen. Bis heute ist *Heute Abend: Lola Blau* für Künstlerinnen, die sich sowohl als Sängerin als auch als Schauspielerin verstehen, offenkundig das Werk schlechthin im deutschsprachigen Repertoire, um als Einpersonenstück aufgeführt zu werden und die ganze Bandbreite der eigenen sängerischen wie darstellerischen Ausdrucksmöglichkeiten in Szene zu setzen. Wenn dieser Parforceritt gelingt, wirkt er immer ausgesprochen positiv auf die Künstlerinnen zurück, wie den vielen ausgewerteten Rezensionen zu entnehmen war.

Mögen die anderen Bühnenwerke Georg Kreislers gut gemacht sein, so scheint er mit *Heute Abend: Lola Blau* noch mehr erreicht zu haben. Offenkundig vermochte das Werk aus den geschilderten strukturellen wie künstlerischen Gründen einem nachhaltigen Bedarf zu begegnen und dabei, anstelle lediglich eine weitere Alternative zum gängigen Repertoire der jeweiligen Gattung darzustellen, das populäre deutschsprachige Musiktheater um eine neue Form zu bereichern: Das Kammermusical. Mit *Adam Schaf hat Angst* schuf Georg Kreisler Jahre später ein Pendant für Männer sowie mit *Du sollst nicht lieben* ein Schwesterwerk für zwei Personen (das durch die bevorzugte Bearbeitung bekannter fremder Stücke auf musikalischer Ebene etwas anders gelagert), so dass er nun für alle drei Varianten intimer, minimaler Besetzungen ein abendfüllendes *Opus* anzubieten hat. Doch nicht nur Marktstruktur und Künstlernachfrage sind bei einer solchen Bewertung zu berücksichtigen. Vielleicht ist sich Georg Kreisler in diesen Arbeiten für das Musiktheater auch schlicht am nahesten, nicht nur bei der Beschränkung der Besetzung, die seiner eigenen Bühnenarbeit entspricht, sondern auch inhaltlich: Unabhängig von autobiografischen Zügen (die der Autor Kreisler bestreitet oder zumindest relativiert wissen will) profitieren *Heute Abend: Lola Blau* und *Adam Schaf hat Angst* von seinen eigenen Erfahrungen. Dies gilt auch für die musikalische Substanz dieser Kammermusicals, in denen eigene ältere Stücke ver- und bearbeitet werden und somit an das eigene Schaffen anknüpfen. Man kann sich des Eindrucks nicht erwehren, dass dies der Intensität des künstlerischen Ergebnisses zu Gute kommt, ohne hiermit zugleich andere Werke abzuqualifizieren. Bemüht man sich aber, aus dem Musiktheaterschaffen Georg Kreislers eine Dimension zu extrahieren, um sie gleichberechtigt neben seine Bezeichnung des ›Kabarettisten‹ zu stellen, ließe sich im Bereich des Musiktheaterschaffens begründet für eben jenen Begriff des ›Kammermusicals‹ plädieren. Dies besagt im Umkehrschluss

---

28 Erste Inszenierungen ohne Tim Fischer gab es mittlerweile u.a. am Landestheater Linz (ab November 2007), an der Neuen Bühne Neuwied (ab Juni 2008) und am Theater Rudolstadt (ab November 2008).

nicht, dass Kreislers Musiktheaterwerk jenseits der Kammermusicals ohne die Dimension seiner eigenen performativen Präsenz keinen Bestand hätte, analog zum Eigenleben nicht weniger seiner Lieder (um auf ein anderes Teilgebiet seines Œuvres zu verweisen), obwohl er sich vor Jahren als aktiver Musiker von der Bühne zurückzog. In den letzten 15 Jahren hat sich doch eine recht stattliche Zahl von Künstlern ihrer bemächtigt.[29] Das ist ein gutes Zeichen und legt die Annahme nahe, dass die Schattenseite der eigenen Brillanz als Performer – die ausschließliche Assoziation mit diesem wesentlichen Teilbereich seines Schaffens – zunehmend von der generellen Qualität seiner Arbeiten abgelöst wird. Vielleicht entwickelt sich ähnliches auch für andere Stücke, die von der derzeitigen Verschattung betroffen sind. Gerade die satirisch gehaltenen Bühnenwerke beweisen regelmäßig ihre Allgemeingültigkeit. Man denke z.B. an ein Stück wie *Elefantenhochzeit* aus dem Jahr 1981 zum Thema Pressefreiheit, das im Zuge der fortschreitend eingeschränkten Journalistenrechte in Deutschland im Rahmen des sog. Kampfes gegen den Terror beunruhigend aktuell ist.

V. Resümee

Statt Singspiel oder Musical, Komödie oder Oper ins Spiel zu bringen, wenn von ›Georg Kreislers Musiktheater‹ die Rede ist, wird in Presse, Kritik und jenen Teilen der Wissenschaft, die ihn überhaupt ernsthaft zur Kenntnis nehmen, mit dem Begriff noch immer das ›kabarettistische Gesamtkunstwerk Kreisler‹ personifiziert, das seine Kunst in allen Aspekten selbst entwirft und darüber hinaus in unnachahmlicher Weise eigenhändig in Szene setzt. Dieses Auseinanderfallen von Gesamtschaffen und Rezeption ist jedoch dem Gegenstand nicht angemessen, denn Kreisler ist eben noch mehr. Im Rückblick auf mehr als 60 Jahre kreativer Tätigkeit erscheint neben den wichtigsten Kabarettliedern zumindest *Heute Abend: Lola Blau* als unbestreitbar gleichberechtigtes Hauptwerk im Schaffen Georg Kreislers, künstlerisch wie in seiner Verbreitung. Bei einer allgemeinen Betrachtung des Musicals kann die Nichtbeachtung Kreislers nur aufrecht erhalten werden, wenn man seine Kammermusicals weiterhin aus dessen Geltungsbereich ausklammert. Nichts anderes als ein fragwürdiger Definitionsakt liegt daher dem dargelegten Rezeptionsbild zugrunde, gegen das sich mehrere Argumente anführen lassen:

---

29 Vgl. Fink/Seufert, Georg Kreisler gibt es gar nicht (Anm. 1), S. 278f.

1. Die Stücke wollen Musicals sein und nennen sich so.
2. Sie genügen den zentralen Maßstäben des Genres, nicht zuletzt in Sachen Erfolg.
3. Sie verfügen über die erforderliche dramaturgische Ausgestaltung und sind mitnichten bloße Revuen von Liedern.
4. Auch in ihrer musikalischen Stilistik entsprechen sie dem Genretypus.
5. Gleiches gilt für die dort verhandelten Themen, wie Leben im Kontext des Nationalsozialismus (*Heute Abend: Lola Blau*) oder Selbstreflexion und -referenz im Bereich des (Musik-)Theaters (*Adam Schaf hat Angst*).[30]

So bleibt einzig, Kreislers Kammermusicals mit Hilfe des Vorwurfs (zu) intimer Besetzungen aus der Geschichte der Gattung auszuschließen. Dieses Argument erweist sich jedoch theaterhistorisch als schwach, da hier vielmehr ein Darstellungsextrem erkundet wird, das sich lediglich konträr zum Ansatz der in Literatur wie Medien so viel beachteten – und dadurch das Genre prägenden – *Blockbuster*-Produktionen mit ihrem maximalen personellen und/oder bühnentechnischen Inszenierungsaufwand verhält. Mag die Rezeption daher, befördert durch die Dimensionen ihrer Verbreitung, Kreislers Kammermusicals nunmehr als eben solche aufgreifen.

Ob seinem weiteren Musiktheaterschaffen im Zuge eines entsprechenden Bewusstseinswandels ebenfalls neue Aufmerksamkeit zu Teil werden wird, bleibt abzuwarten. Nicht zuletzt bieten die Bestände im neuen Kreisler-Archiv der Berliner Akademie der Künste hierfür notwendige Voraussetzungen. Selbst wenn schließlich mit *Heute Abend: Lola Blau* und *Adam Schaf hat Angst* vielleicht nur zwei Werke dieses Genres lebendig blieben, so wäre dies immer noch weit mehr, als den meisten Autoren dieser Profession vergönnt ist. Allerdings ist es mit Prognosen über Lebendigkeit stets so eine Sache, wie eine

---

30 Zum Thema Nationalsozialismus hat das angloamerikanische Musical im vergangenen halben Jahrhundert zahlreiche, ausgesprochen unterhaltsame Beiträge geliefert, darunter Klassiker wie »The Sound of Music«, »Cabaret« oder »The Producers«. In Deutschland hingegen wird bis heute bei jedem neuen Film oder Buch, das in diese Richtung auch nur deutet, hartnäckig darüber gestritten wird, ob eine Auseinandersetzung mit oder auch nur im Kontext dieses Gegenstandes auf humoristische oder wenigstens tragikomische Weise erfolgen darf (auch hier stellt Kreislers Schaffen einen Sonderfall dar). Auch selbstreflexive Handlungen wie bei »Adam Schaf hat Angst« sind seit jeher ebenso typisch für das Theater, wie Literaten als Hauptfiguren in Büchern auftreten. Wenig überraschend verzeichnet daher auch die Geschichte des Musicals eine kaum übersehbare Folge von entsprechenden Werken, darunter Klassiker wie »Show Boat«, »Kiss me, Kate« oder »A Chorus Line«.

Notiz aus der *Fränkischen Volkszeitung Schweinfurt* vom 3. Dezember 1994 illustriert, in der es unter dem Titel *Lebendige Grüße* hieß:

> Totgesagte leben bekanntlich länger. So betrachtet müßte Georg Kreisler ein ganz, ganz langes Leben beschieden sein. Bedauerlicherweise war in unserer Zeitung in einer Besprechung von Kreislers *Lola Blau* im Sommerhäuser Bockshorn der Satz zu lesen »Kreisler ist tot...«. Gestern meldete sich Georg Kreisler per Fax bei der Redaktion und tat kund, daß »diese Nachricht übertrieben ist« und er noch ganz lebendig sei. Er bat weiter um eine Berichtigung, damit der Volksblatt-Kritiker nicht am Ende noch Recht behält. Wir kommen diesem Wunsch gerne nach.

Sinngemäß mag man gleiches für den derzeitigen Stand der Rezeption des Musiktheaterautors Kreislers feststellen. Das gilt erst recht, wenn erklärt wird: »[...] aber die junge deutsche Musicalszene ist erst dabei, sich vom übermächtigen angloamerikanischen Vorbild zu emanzipieren [...].«[31] Eine solche Emanzipationsleistung vom angloamerikanischen Musiktheater, in dem sich Kreisler in den 1940er- und 1950er-Jahren selbst bewegte, hat sein Musiktheater durch das Format des Kammermusicals bereits geleistet und für eben jenen eingeforderten Prozess ein eigenständiges Modell sowie mit *Heute Abend: Lola Blau* sogar ein entsprechendes Werk mit internationaler Reputation geliefert. Stücke heimischer Produktion, denen dieser Sprung gelingt, sind bekanntlich eine Ausnahme im populären Musiktheater der vergangenen Jahrzehnte, besonders im Musical. Umso mehr ein Grund, Kreisler im Auge zu behalten – und nicht zu übersehen.

---

31 Thomas Siedhoff, Handbuch des Musicals (Anm. 5), S. 22.

MICHAEL SEUFERT

Georg Kreisler gibt es gar nicht
Anmerkungen zu einer Biografie

Mein Freund und Kollege Hans-Juergen Fink und ich haben unserer Biografie den Titel gegeben *Georg Kreisler gibt es gar nicht*. Das ist ganz wörtlich zu nehmen, denn als wir anfingen, uns mit Georg Kreisler zu beschäftigen, haben wir nicht geglaubt, dass es keine Biografie über ihn gab. Die ganze Sache begann damit, dass wir eines Abends bei einem schönen Glas Rotwein zusammen saßen und entdeckten, dass wir beide extreme Kreisler-Fans sind. Es wurde ein sehr langer Abend, wir spielten alle Platten und CDs, die wir haben, und sangen die Texte sehr schön mit, gottlob gibt es davon keinen Mitschnitt. Als wir wieder zu uns gekommen waren, stimmten wir überein, dass es doch eigentlich eine lohnende Sache wäre, eine Biografie über Georg Kreisler zu schreiben. Wir haben dann recherchiert und festgestellt, es gibt wirklich keine Biografie. Er hat selbst hier und da biografische Angaben in seinen Büchern gemacht, aber eine zusammenfassende Darstellung gab es nicht. Dann haben wir uns ein Herz gefasst und Kontakt zu ihm aufgenommen. Das war typisch Kreisler. Er sagte: »Besorgen Sie erstmal einen anständigen Verlag, dann können wir eventuell weiterreden.«
Das ist uns schnell gelungen, wenn man auf ein bisschen Widerstand stößt, beflügelt es manchmal auch. Georg Kreisler war sehr überrascht, als wir ihm vier Wochen später sagten, wir hätten nun einen anständigen Verlag gefunden, der das Buch machen wolle. Daraufhin lud er uns nach Basel ein, wo er damals mit seiner Frau Barbara wohnte. Und von dem Moment an hatten wir ein großes Glück, da es gleich gegenseitig funkte. Es war der Beginn einer wunderbaren Zusammenarbeit, bei der wir gemeinsam sozusagen Georg Kreisler neu erfunden haben. Als wir in Hamburg das Buch präsentierten – im Schmidt Theater vor ausverkauftem Hause, wir hätten den Saal dreimal füllen können, so groß war die Fangemeinde dort –, sagte er: »Ja, ja. Die beiden haben das Buch geschrieben. Die sind fertig mit ihrer Arbeit und ich muss jetzt weiterleben.«
Der Buchtitel *Georg Kreisler gibt es gar nicht* kann wirklich die Überschrift zu seinem Leben sein. Denn wenn man sich vor Augen führt, wie er in Wien aufwächst und als 16-Jähriger erfahren muss, wie plötzlich seine Existenz vernichtet wird und gar nicht mehr da ist, dann ist das eine ganz schreckliche Vorstellung. Ich kann mich erinnern, wie ich mit 15 aus der ehemaligen

DDR nach Hamburg gekommen bin. Das war ein kleiner Schritt, keinerlei Bedrohung, aber trotzdem habe ich das schon als Einschnitt in meinem Leben betrachtet. Umso mehr muss es ein radikaler Schnitt im Leben von Georg Kreisler gewesen sein, aus einer relativ behüteten Familie, die ihm zum Teil sehr, sehr eng erschienen ist, plötzlich in eine ganz andere Welt zu kommen. Er hat mit einem Schlag erfahren, dass er Jude ist. Das hatte er vorher nie für sich empfunden, bis die anderen es ihn plötzlich massiv spüren ließen.

Er schilderte uns eine Szene, wie er nach dem Anschluss Österreichs an das Deutsche Reich in die Schule kam, am ersten Tag war die Schule geschlossen. Als sie wieder geöffnet war, standen plötzlich auf den Bänken kleine Hakenkreuzfahnen. Seine Lehrer, die ihn bis dahin unterrichtet hatten, waren zum Teil nicht mehr da. Die jüdischen Kinder wurden erst isoliert, geschmäht und dann mit Schlägen aus der Schule vertrieben. Er hat das alles als massive Bedrohung empfunden. Mit Hilfe seines Cousins Walter Reisch erhielt er ein Visum für die USA. Reisch war ein sehr bekannter und erfolgreicher Drehbuchautor der UFA, der in die Vereinigten Staaten ausgewandert war und in Hollywood das Glück hatte, in einem Filmstudio einen ganz hervorragenden Posten zu bekommen. Der hat dann für Georg Kreisler und seine Eltern gebürgt, dass er für sie aufkommen wird. Das war die Voraussetzung für die Auswanderung. Also, Georg Kreisler war 16 Jahre alt, da es gab es ihn eigentlich gar nicht mehr.

Er lebte nun zunächst in Los Angeles, mit einem völlig neuen Lebensgefühl. Man muss sich das vorstellen, er hatte in Wien eine Gymnasialausbildung nach altem Schrot und Korn genossen. Plötzlich in Amerika gab es Koedukation, die Mädchen waren geschminkt, man konnte sich überall hinsetzen, die Lehrer waren quasi Freunde der Schüler, es war unbegreiflich für ihn, so etwas kennen zu lernen. Das hat er uns in einer Weise geschildert, dass man das Gefühl hatte, wir sind mit dabei. Zugleich hat uns fasziniert, wie er Namen und Adressen herunter schnurren konnte. Er konnte uns auch sagen: »Ja, ich habe damals für die Theater-Produktion XY als Pianist gearbeitet und fünf Dollar verdient.« Er wusste alles noch aus dem Effeff. Es stellte sich heraus, es stimmte wirklich, wir haben vieles nachprüfen können. Es ist ein Phänomen zu erleben, wie Georg Kreisler über sein Leben absolut exakt Bescheid weiß. Das hat man nicht immer, da es ja manche Leute gibt, die sich ihr Leben schönfärben und gewisse Dinge ausblenden. Diese Erfahrung haben wir mit ihm nicht gemacht. Aber manchmal, und darauf sind wir stolz, konnten wir ihn mit Dingen überraschen, die ihm entfallen waren.

Ein nächster Schritt, wo man sagen kann, Georg Kreisler gibt es gar nicht, ist sein Aufenthalt in New York nach dem Krieg. Seine erste Frau Philine Hollaender, von der er zu diesem Zeitpunkt bereits getrennt lebte, hatte ihm gesagt, hier in Los Angeles, das wird doch alles nichts, in New York, da spielt die Musik, wer in Amerika was werden will, der muss nach New York gehen! Diesen Rat hat er befolgt, und es war eine ziemliche Katastrophe. Kein Mensch wollte etwas von ihm wissen. Er hat in der Zeit, so hat er uns glaubhaft erzählt, gehungert und mühsam versucht, Fuß zu fassen. Ein Broadway-Agent, den er fand, hat ihn für das amerikanische Showleben fit gemacht. Dieser Mann hat ihn gedrillt und ihm die Tricks von perfekter Bühnenpräsenz beigebracht. Mit seiner Hilfe bekam er auch seine ersten Engagements, die sich aber meistens auf dem Lande abspielten, so dass er sehr viel reisen musste, erfreulich war das alles nicht. Wie froh war er da, Ende 1947 plötzlich die Chance zu bekommen, bei RCA sechs eigene von ihm auf Englisch verfasste Songs veröffentlichen zu können. Damals drohte in den USA ein großer Streik der Musiker, auf den sich die Schallplattenfirmen vorbereiten wollten, indem sie möglichst viel Repertoire aufnehmen, um trotz Streiks genügend neue Platten auf den Markt bringen zu können.

Also ist er kurz vor Weihnachten 1947 in einem Studio von RCA angetreten und hat sechs Lieder aufgenommen. Das Album sollte den schönen Titel haben *Please, shoot your husband!* In der ihm eigenen Art und Weise hat er es perfekt eingespielt. Sie müssen sich vorstellen, damals gab es noch keine Computer, mit denen man alles mögliche anstellen konnte, es wurde direkt auf eine Mutterplatte aufgenommen. Wenn man sich also verspielte, hatte man sich verspielt, dann war es auf der Platte drauf. Er hat *en suite* zweimal sein Programm fehlerfrei gespielt, was nicht zuletzt seinem Drang nach Perfektion und der strengen Schule seines Agenten zu danken war. Die Vertreter von RCA, denen dieses Album vorgelegt wurde, waren total entsetzt und sagten:

> Wie bitte: »Please, shoot your husband!« – die heilige Institution der Ehe wird hier durch den Kakao gezogen? Mit dieser Platte gehen wir nicht in die Läden, wir machen uns doch lächerlich, die schmeißen uns raus, auf keinen Fall.

Daraufhin sagte die Entscheidungsebene bei RCA: »Ok, nicht aufregen, die Platte machen wir nicht.« Man hat Georg Kreisler angeboten, diese Mutterschallplatten für 500 Dollar zu erwerben, was damals eine riesige Summe war. Doch Georg Kreisler hatte kein Geld, sondern Schulden. Daraufhin habe RCA erklärt, in dem Fall würde man die Aufnahmen wegwerfen. Diese Geschichte erzählte er uns bei einem der zahlreichen Interviews. Da habe ich ihm gesagt:

> Herr Kreisler, das kann ich mir nicht vorstellen. Ich bin im vergangenen Jahr in New York gewesen bei BMG, die schon lange RCA übernommen hatten. Im Archiv stieß ich auf Reisekostenabrechnungen aus dem Jahr 1935. Ich vermute daher, dass man seiner Zeit sicherlich auf keinen Fall Musik weggeschmissen hat.

No 3.

PLEASE, SHOOT YOUR HUSBAND

Lyrics and Music
by George Kreisler

I've been in love before,
But never like now.
She's wonderful, she's heavenly -- she's married.
I want to be with her,
And kiss her somehow,
Because she's kissable, adorable -- but it's impossible.
So I tell her: Darling, we're not having any fun.
There is just one thing to be done:

Please, shoot your husband,
Please, kill him dead.
Go and do your stuff,
He has had enough,
Marry me instead.

Please, shoot your husband,
Please, get him out of the way.
Darling, don't be shy,
All of us must die.
Do it today.

Wouldn't it be wonderful, me an you
Going abroad on his money.
Honeymoon in Paris,
Entre nous,
Ducking the police,
Just us two.

Please, shoot your husband.
And when we're free,
Then if any guy
Should offer more than I,
You can shoot me.

(OVER)

Abb. 8: Please, shoot your husband! *(1947). In einer neu eingespielten Fassung erstmals erschienen auf der CD* Die alten, bösen Lieder *(1997) sowie in der bei RCA in New York eingespielten Version auf der CD* Das unveröffentlichte Plattendebüt von 1947 *(2005, Beilage zur Biografie von Hans-Juergen Fink/Michael Seufert,* Georg Kreisler gibt es gar nicht. Die Biographie, *Frankfurt a.M. 2005).*
Berlin, Akademie der Künste, Georg-Kreisler-Archiv 124/3, S. 1

Georg Kreisler war aber nicht zu überzeugen. Ich habe dann den mir bekannten Leiter des Archivs angerufen und um Hilfe gebeten. Ich habe ihm Aufnahmedatum, Titel, Komponist und Interpret genannt. Zwei Tage später bekam ich einen E-Mail aus New York: »Ich habe die Nummer des Aufnahmeprotokolls gefunden und bin sicher, dass wir die Aufnahmen in unserem Schallarchiv haben.« Zehn Tage später hatte ich einen kleinen UPS-Umschlag in der Hand. Darin war eine CD mit den sechs Originaltiteln von 1947. Bereits die ersten Zeilen von *Please, shoot your husband!* verraten, dass man es mit einem echten Kreisler zu tun hat.

Wir waren natürlich sehr erfreut, dass wir dieser *Trouvaille* nach gut 50 Jahren endlich zu einer Premiere verhelfen konnten. Georg Kreisler gab es eigentlich auch in New York nicht. Er hatte dann zwar in der Monkey Bar fünf Jahre lang seinen ständigen Auftrittsort, aber das war nicht, was er wollte. Er wollte Opern, er wollte auch Konzerte aufführen lassen, und er wollte erfolgreich am Broadway sein, hat er uns erzählt. Und das ist wieder so eine typische Kreisler-Geschichte: Er war die zweite Besetzung in einem Broadway-Musical. Er saß immer voll geschminkt und im Kostüm hinter der Bühne. Doch die Erstbesetzung hat nie gefehlt, war nie krank. So saß er immer nur hinter der Bühne. Wenn das Stück zu Ende war, musste er ganz schnell rennen, um noch pünktlich zu seinem Auftritt in der Monkey Bar zu kommen. Irgendwann hat er gefühlt, so unexistent in Amerika zu sein, dass er mit seiner damaligen Frau (einem kanadischen Mannequin) beschloss, nach Europa zu gehen.

Sie kamen also nach Wien, und wieder gab es Georg Kreisler eigentlich gar nicht. Denn das Wien, das er ihm Kopf hatte, das hatte mit dem Wien, das er jetzt da vorfand, nicht mehr viel zu tun. Er sprach vorwiegend Englisch und hatte am Anfang Schwierigkeiten, hat er uns erzählt, sich überhaupt richtig auf Deutsch zu verständigen. Er wollte etwas schreiben und hatte plötzlich das Gefühl, auf Deutsch ginge das nicht mehr. Damals hat ihm ein sehr guter Freund ordentlich zugeredet, hat ihm auf die Sprünge geholfen, so dass er dann wirklich auf Deutsch diese wunderbaren Lieder verfassen konnte.

Im Kontrast zum Wien, das Kreisler 17 Jahre zuvor verlassen hatte, erlebte er jetzt, wie man plötzlich sagt: »War was? War eigentlich nichts.« Ganz viele Leute, die während des Naziregimes auch in Österreich einflussreiche Posten hatten, waren wieder da, alle Nazis waren plötzlich Demokraten, alles war ganz wunderbar. Und da hat Georg Kreisler ein Lied geschrieben und komponiert, das ich zu den eindrucksvollsten seiner Lieder zähle. Lieblingslieder sind immer eine schwierige Sache, doch dieses sagt mir ganz viel über ihn. Der Titel lautet *Weg zur Arbeit*.

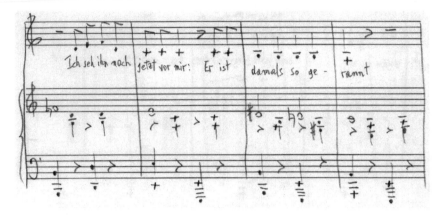

Abb. 9: Weg zur Arbeit *(Ausschnitt).*
Undatiert, erstmals erschienen auf dem Album Die heisse Viertelstunde *(1968).*
Berlin, Akademie der Künste, Georg-Kreisler-Archiv 418/IV, S. 16

Kreisler war nun wieder in seiner ehemaligen Heimat, obwohl er inzwischen amerikanischer Staatsbürger war, was er auch heute noch ist. Aber für die Österreicher gab es ihn nicht. Denn das Merkwürdige war, dass Staatsbürger, die 1938 und später ausgewandert waren, nicht automatisch wieder Österreicher wurden, sondern darum ›ansuchen‹ mussten, ihre österreichische Staatsbürgerschaft neu zu beantragen. Da hat Georg Kreisler etwas gemacht, was auch wieder typisch für ihn ist. Er sagte:

> Wieso diese Prozedur? Die ganzen Leute, die hier während der Nazizeit waren, sind Österreicher. Ihr aber habt mich rausgeschmissen und ich hatte die Chance zu fliehen. Jetzt komme ich zurück und muss einen Antrag stellen? Mache ich nicht.

Was die politischen Spitzen nicht daran gehindert hat, ihm ab seinem 65. Geburtstag im Fünfjahresrhythmus jeweils die allerherzlichsten Glückwünsche zu übermitteln, das zum Teil auch öffentlich, bis er sich in einem Interview mit der *Süddeutschen Zeitung* mal ausdrücklich verbeten hat, ihn so plötzlich als Österreicher zu verfrühstücken, wo er doch gar keiner mehr ist.

GREGOR HERZFELD

Georg Kreisler, zum Gegenstand gemacht[1]

Ein Künstler wie Georg Kreisler ist kein leichter Gegenstand für eine Geisteswissenschaft. Diese – insbesondere die sog. Historische Musikwissenschaft – beschäftigen sich am liebsten mit vergangener, zu Geschichte gewordener Materie; jener jedoch ist präsent und quicklebendig. Mehr noch: er mischt sich ein und widerspricht gerne Thesen, die der Historiker eben aufstellen muss, will er seinen Beruf ausüben. Kategorisierungen, Systematisierungen, Interpretationen, Erklärungen – des Wissenschaftlers täglich Brot – lässt er selten stehen, tut sie ab, wischt sie weg. Aus diesem Grund davon abzusehen, Kreisler zum Gegenstand zu machen, wäre allerdings voreilig; denn in Kreislers Hang zur Verweigerung steckt neben einer Herausforderung auch eine Chance, das eigene (wissenschaftliche) Vorgehen kritisch zu überprüfen, es einerseits gleichsam mit der Realität, als die sich der anwesende Kreisler im Rahmen einer Tagung über Kreisler etwa erweist, abzustimmen, ohne auf der anderen Seite die Person Kreislers von allen Problemen der Zeitzeugenschaft einer *Oral History* freizusprechen.
Kreislers Verweigerung ist konsequent. Sie findet sich auf den verschiedenen Ebenen seines Lebens, seines Künstlertums und seiner ›Werke‹ wieder. Sie repräsentiert eine feste Haltung, einen Charakter, der ihn persönlich vielleicht manchmal zu einem Eigenbrötler, künstlerisch zu einem Kritiker und Skeptiker seiner Umgebung, der ›Gesellschaft‹, werden ließ. Als Hermeneut sollte man also froh sein über diese konsequente Haltung, denn sie scheint einen Schlüssel zum Phänomen Kreisler zu bieten. Sein Auftreten bei dem ihm gewidmeten Symposion, seine Kommentare zu Vorträgen sowie die Repliken auf Fragen aus dem Publikum, bilden ein anschauliches Beispiel dafür.
Kreisler verweigert Vereinnahmungen. Darunter fallen politische, persönliche, künstlerische und wissenschaftliche Projektionen. Nicht zuletzt aufgrund von Gegebenheiten seiner Biografie ist Kreisler hoch sensibilisiert und spürt es sofort, wenn er oder seine Kunst zur Legitimation der Ansichten anderer verwendet werden. In den Gesprächen zwischen den Vorträgen wurde immer wieder versucht, ihn auf eine bestimmte Rolle festzulegen, z. B. die Rolle des Opfers, des Anarchisten, des Subversiven etc. Solche Rollenmuster lehnt

---

1 Die Zitate sind dem Transkript eines Mitschnitts des Kreisler-Workshops am 29. November 2007 entnommen. Für die Herstellung sei Katharina Geißler gedankt.

Kreisler zunächst ab; gleichwohl gelingt es ihm, in Nachsätzen die schroffe Ablehnung zu unterlaufen und Attribute dieser Rollen mit sich zu synchronisieren. Dieses subtile Spiel sei an einigen Beispielen gezeigt. Eine Publikumsmeldung, gemacht von jemandem, der sich als »ehemaliger Mensch aus der ehemaligen DDR« bezeichnete, zielte darauf ab, sich mit Kreislers Schicksal, 1938 als Jude aus Wien fliehen zu müssen, zu solidarisieren, ja eine gewisse Parallelität von heute und damals (Verfolgung, Berufsverbot, Heimatlosigkeit etc.) hervorzuheben. Sie lief zunächst ins Leere. Die Situationen, so Kreisler, seien nicht zu vergleichen. Doch eine Bemerkung Kreislers, die fast unterging, untergrub wiederum diese Solidaritätsverweigerung und schuf eine Nähe, ohne sich zu anzupassen: »Man hat so wenig gelernt aus der Braunhemden-Zeit!« Kreislers Reserviertheit mag als Regelverweigerung, als Obrigkeitsverweigerung, kurz als Anarchie verstanden werden. Doch auch einer Vereinnahmung zum Anarchisten widersteht Kreisler; einer Publikumsfrage, die durchaus aus Sympathie erläutert haben wollte, was sein angebliches Diktum meine, er würde gerne als anarchistischer Regisseur arbeiten, hielt er nur entgegen: »Ich kann mir nicht vorstellen, dass ich etwas dergleichen gesagt habe.« Versteht man aber Anarchie als Macht- und Gewaltlosigkeit, könnte seine Arbeit mit Schauspielern damit verbunden werden: »Natürlich kann man einen Schauspieler, wenn man inszeniert, nicht vergewaltigen, also man kann ihm nicht Dinge einreden, die ihm nicht liegen. Man arbeitet zusammen und befiehlt nicht – wenn Sie das vielleicht meinen.«

Eine spezielle Vereinnahmung – zumal bei einem Symposion – stellt die Interpretation durch Wissenschaftler dar. Weit davon entfernt, eine bloße Verdoppelung der Werke und Aussagen eines Musikers anzufertigen, möchte ein Musikwissenschaftler neue Fragen aufwerfen und Antworten suchen, die der Musiker unter Umständen selbst nicht geben könnte oder wollte. Hieraus entsteht eine Spannung zwischen dem Künstler und seinem Hermeneuten, die entweder dazu führt, dass letzterer sich zum Sprachrohr des Musikers macht, der Musiker sich der Interpretation fügt (etwa wenn er sie als zutreffend oder günstig empfindet) oder – falls es keine Einigung geben sollte – offener Widerspruch bzw. schweigende Missbilligung herrscht. Nun war in unserem Fall die Wissenschaft nicht angetreten, um ein fertiges, geschlossenes Bild von Georg Kreisler abzuliefern, nicht – wie Albrecht Riethmüller bemerkte – die Schablonen anzulegen, sondern in Fragen der musikpoetischen Produktion Kreislers etwas in die Tiefe zu gehen. Dies führt unweigerlich zu einem Grenzgang zwischen der Deutungshoheit des Künstlers über sein eigenes Werk und freier Theorien- bzw. Interpretationsbildung durch den Wissenschaftler (ein Verhältnis, das im Falle der Biografik zwar nicht vollkommen unproblematisch, aber zumindest weniger spannungsvoll ist).

Abb. 10: Halb drei. *Undatiert, erstmals erschienen auf dem Album* Seltsame Liebeslieder *(1961) unter dem Titel* Um halb drei. *Auf dem unteren Rand sind zwei handschriftliche Zusätze zu lesen: »(Die Harmonien können nach Belieben geändert werden. Hauptsache: Das Ganze luftig, leicht, wie ein Champagnerpfropfen)« und »(Die Melodie des Vorspiels ist nur ein Vorschlag.)«. Berlin, Akademie der Künste, Georg-Kreisler-Archiv 415/15, S. 1*

Auch hier ist die kreislersche Taktik zu beobachten, sich einer Interpretation zu verweigern, ob sie nun günstig für ihn wäre oder nicht. Einige Beispiele: Tauchte in einer Frage das Wort ›bewusst‹ auf (»Haben Sie bewusst…«), um die eigene These mit der Absicht des Künstlers zu untermauern, lehnte Kreisler kategorisch ab: »Ich mache da nichts bewusst. Überhaupt nicht. Was mir gerade einfällt, das wird geschrieben.« Kreisler macht für seine Kreativität eher ein Zusammenwirken von Spontaneität und Handwerk stark; überzogene Selbstreflexion ist ihm suspekt. Bezüglich des Einpersonenstücks *Lola Blau*, bei dem als *movens* eine Art Selbstbeobachtung Kreislers vermutet wurde, äußert er pragmatisch:

> *Lola Blau* ist entstanden, weil meine Ex-Frau einen Chansonabend machen wollte. Ganz am Anfang, da waren zwei Probentage vergangen, kam sie zu mir und sagte: »Ich komm mit dem Regisseur nicht zurecht, guck mal zu bei der Probe.« Da bin ich zur Probe gegangen und hab gesagt: »Das ist kein Chansonabend, wir wollten ein Stück haben«. Und dann hab ich das Stück geschrieben. Also: Selbstbeobachtung hat da nicht stattgefunden. Überhaupt nicht.

Kreativität und Wollen sind für Kreisler getrennte Bereiche wie Intuition und Bewusstsein: »Wenn ich schreibe, hat das mit Wollen eigentlich wenig zu tun. Da schreibt man instinktiv. Ein fester Wille ist nicht da«. Dass dieses Zurückdrängen der Idee vom Komponieren als Willensakt bzw. der Rückzug auf die schwer zu ergründende Inspiration vielleicht doch nur mit Einschränkungen gilt, bezeugt der Pragmatismus des Komponisten. Nach der Auswahl seiner Vorlagen (etwa Mozarts *Sonata facile* für »Wo sind die Zeiten dahin«) gefragt, räumte der Performer Kreisler ein, dass er auch müsse spielen können, was der Komponist Kreisler ihm zubereitet. Was zunächst nach einem Witz oder Bescheidenheitstopos klingt, verrät eine kompositorische Entscheidung, die mit Willen und Bewusstsein einhergeht.

Von Fragenden vor eine konkrete Wahl gestellt, antwortet Kreisler oft mit »weder noch«, insbesondere wenn es darum geht, sich zu einem Vortrag über sich ins Verhältnis zu setzen:

> *Frage*: Es sind [im vorangehenden Vortrag] sehr viele persönliche Fragen auch gestellt worden. Herr Kreisler, fühlen Sie sich angesprochen?
> *Kreisler*: Ja, schon, ja…. Ja, in welcher Beziehung? Er hat so viel gesagt, da kann ich mich angesprochen und nicht angesprochen fühlen.
> *Frage*: Ich will das nicht kanalisieren, aber am Anfang sprach er immer wieder von dem Grundzugang ›Melancholie‹ bei Ihnen. Ist es richtig gesehen oder wollten Sie, dass wir dieses Moment noch stärker betonen oder zurückfahren?
> *Kreisler*: Wissen Sie, das alles ist ja kein Willensprozess, sondern wie man sich fühlt oder was einem einfällt… Ich kann nicht sagen: jetzt bin ich melancholisch – jetzt schreib ich melancholisch.

Frage: Nein, das wäre natürlich eine zu einfache Umsetzung. Aber wenn der Eindruck entsteht, dass Melancholie so eine Art Grundzug der Lieder ist, dann können Sie immerhin sagen: »Ja, der Eindruck ist richtig« oder »Der Eindruck ist falsch«?

Kreisler: Nein, kann ich nicht sagen, weil ich das dem Publikum und demjenigen überlassen muss, der es hört. Ich kann nicht sagen: der Eindruck ist falsch. Ich kann eben nur ausbessern, wenn jemand wirklich etwas Falsches sagt. Das ist aber der persönliche Eindruck – das ist bei jedem Menschen anders. Wenn Sie etwas als melancholisch empfinden, empfinden es andere vielleicht als zynisch – ich weiß es nicht.

Das letzte Statement berührt zwei wesentliche Ausnahmen von der sonst vorherrschenden Verweigerung. Erstens scheint es, wenn es schon keine ›richtige Interpretation‹ gibt, für Kreisler allerdings eine ›falsche Interpretation‹ zu geben, die er an anderer Stelle als ›Verfremdung‹ bezeichnet und die er sich verbittet, der er sich also nicht entzieht, sondern sie kommentiert, indem er sie nicht gelten lässt. Im Bereich der musikalischen Interpretation gab er ein Beispiel:

> Das Lied *Ich fühl mich nicht zu Hause* – es handelt ursprünglich von einem geflüchteten Juden, der sich erst wieder zu Hause fühlt, wenn er wieder in dem Schtetl ist, das ihn seinerzeit verfolgt hat, und sonst auf der Welt nirgends – wurde einmal so gebracht, dass er sich nur in Israel zuhause fühlt. Es war plötzlich ein hurrapatriotisches Lied für Israel. Da bin ich eingeschritten, als ich das hörte, und habe meine Zustimmung verweigert. Das war eine Verfremdung, die nicht ging.

Nach diesem Verständnis liegt eine Verfremdung vor – und das gilt sicherlich auch für eine wissenschaftliche Interpretation – wenn der Sinn nicht nur verändert, sondern entstellt wird, so dass ein Lied aus den *Nichtarischen Arien*, das die gebrochene Haltung eines Juden zu seiner eigenen Geschichte thematisiert, zu einem Loblied Israels mutiert. Die zweite Ausnahme betrifft das Publikum, dem sich Kreisler nicht verweigern möchte. Bei den Zuschauern und Zuhörern, denen er oft genug den Spiegel vorhält, mit deren Ablehnung also am ehesten zu rechnen wäre, hofft er zumindest auf Verständnis, eventuell auch auf Zustimmung und Beifall:

> Ich will nicht am Publikum vorbei schreiben, weil das falsch wäre. Wenn man das Gefühl hat, das Publikum versteht es nicht, dann muss es gestrichen werden. Man schreibt schon, um verstanden zu werden.

Diese Haltung, die wesentlich von der Einstellung anderer Verweigerer aus den Reihen der neuen Musik wie etwa Helmut Lachenmann abweicht, mag von der deutschsprachigen Musikwissenschaft, sofern sie von philosophischen Elitegedanken und E-Musik-Ansprüchen geprägt ist, als problematisch angesehen werden. Ein Rat, den Kreisler einer jungen Chansoninterpretin gab, könnte daher ebenso gut an einen Großteil dieser Wissenschaftslandschaft gerichtet sein: »Ich glaube – wenn ich das noch sagen dürfte – Sie sollten keine Angst vorm Publikum haben«. Doch Kreisler, der neugierig darauf war, bei dem Symposion zu erleben, wie sich »Universitätsprofessoren germanistikartige Vorträge halten«, denkt dabei eher in Richtung von Intendanten, die entweder auf Blödeleien im Unterhaltungsbereich oder auf hochkomplexe Werke im sog. E-Bereich setzen:

> Ich finde, dass die breite Masse von den meisten Intendanten unterschätzt wird. Also die Leute, das Publikum versteht viel mehr, als diese wahrhaben wollen. Das Publikum ist nicht dumm. Viele glauben, es sei dumm, da viele primitive Unterhalter so gut ankommen. Das heißt aber nicht, dass etwas gehaltvollere Unterhaltung deswegen schlecht ankommt […].

Oder etwas knapper: »Götterdämmerung ist saublöd und verstehen alle.« So überwiegt am Ende der Verweigerungsstrategien doch ein verbindliches Element in der Haltung Kreislers. Der Musiker, der seine ersten künstlerischen Gehversuche auf dem hartumkämpften Musikmarkt der USA machte, offenbart einen genuin demokratischen Zug. Nicht Politiker, Intendanten oder Wissenschaftler, ja vielleicht nicht einmal Kreisler selbst werden zur Richtschnur des Schaffens gemacht, sondern das Publikum. Dieser Anspruch führt allerdings keineswegs dazu, sich demselben anzubiedern. Denn zwischen Anbiederung und Verweigerung liegen zahlreiche Stufen. Es scheint gerade Kreislers Form des Ansprechens zu sein, Unbequemes, Vernachlässigtes, Verdrängtes, Unerhörtes hervorzukehren und schonungslos vorzuhalten. Und sooft dies auch mit Ablehnung bis zur Zensur geahndet wurde, scheint der Kritiker, der Skeptiker, der Verweigerer und Demokrat Kreisler auf Zustimmung und Beifall derer zu hoffen, die die Fähigkeit zur Selbstkritik und Selbstironie mit ihm teilen.

BACH IN BOOGIE-WOOGIE

Beethoven war ein grosser Mann.
Sogar der Kaiser sagte oft: Der Ludwig van,
Der ist bestimmt a ganz a guater, lieber Mann,
Doch immer leidig,
So gar net schneidig,
Warum der des net kann?
Und auch Tschaikowsky, Peter Ilyitsch,
Ist gesessen an sein Titsch
Und hat Angst gehabt vorm Kitsch,
Hat gelitten grosse Not,
Eines Tages war er tot.
Sehn's, wenn er und auch die andern Herrn
Ein bissel g'scheiter g'wesen waern,
Und haetten an Slow-Fox komponiert,
Das haett' sich doch bestimmt rentiert.
Mit all die Symphonien sein's nur mager worden,
Und heute sind die Symphonien Schlager worden.
Drum sag ich immerzu,
Lasst mir die Klassiker in Ruh.

Wann der Heifetz Geigen spielt, das geht ins Blut,
Und Stokowsky und Brailowsky, die sind auch ganz gut,
Aber besser noch
Ist fuer mich ja doch
Der Bach in Boogie-Woogie.
So a Zauberfloete, die ist wunderschoen,
Und dem Zauberlehrling kann man auch nicht widerstehn,
Aber Hochkultur,
Die erreicht man nur
Bei Bach in Boogie-Woogie.

Das ist mein non plus ultra,
Da kenn ich kan Exzess,
Klassik ist Klassik, doch Boogie ist Woogie,
Swing it, Toscanini, give me some jazz.
Robert Schumann hat die Traeumerei erdacht,
Schubert, Wagner, Liszt und Mozart, die ham a was g'macht,
Aber ich werd' warm
Und ich schwitz enorm
Bei Bach in Boogie-Woogie.

Niemand wird es heut bestreiten,
Dass die guten alten Zeiten
Net so gut war'n, denn die Musik
Auf dem Cembalo war bloed,
Und die Leut' ham viel gelitten
Mit Sonaten und mit Suiten,
Doch der Adel hat's bestritten,
Und beim Volk hat niemand g'redt.

Aber die Gelehrten
Sassen bei Konzerten.
Vieles was sie hoerten,
Das hat sie nur schlaefrig g'macht.
Nur der Benny Goodman
Fragte sich: Was tut man?
Dann blies er sie gut an,
Und gleich sind sie aufgewacht.

Abb. 11: Bach in Boogie-Woogie *mit Marginalien in Georg Kreislers Handschrift. Erstmals erschienen auf der Single* Das Kabinett des Dr. Kreisler *(1959).*
Berlin, Akademie der Künste, Georg-Kreisler-Archiv 7, S. 1

FRANKA KÖPP

»Das Ewige tanzt«
Das Georg-Kreisler-Archiv der Akademie der Künste, Berlin

Sich Georg Kreisler in Beziehung zu einem Archiv vorzustellen, erscheint gleichsam als unauflöslicher Widerspruch. Doch wie bei so vielen Widersprüchen erweist sich sein innerer Zusammenhang als wohlbegründet und fruchtbar. Ein Mensch, der immer wieder betont, er sei seit Kindertagen ein Träumer, er sei »träumend durchs Leben gegangen« und der schließlich im existentiellen Selbstverständnis erklärt, »als Künstler, da lebt man vom Träumen«,[1] wie sollte der einer Institution verbunden sein, die *per definitionem* einem bestimmten Maß an Ordnung verpflichtet ist? Wie kann ein Freigeist poetischer Natur, erklärtermaßen ein ›Anarchist‹[2] – jenseits aller Ideologien und zugleich inmitten eines ›Zeitalters der Extreme‹ lebend[3] – sein Werk einem Archiv anvertrauen, zu dessen vornehmlichen Aufgaben durchaus gehört, die ihm übergebenen Materialien in achteckigen Formaten zu konservieren? Sieht er sich nicht ohnehin schon länger als ein halbes Jahrhundert zahlreichen Versuchen gegenüber, in kantige Schubladen geordnet zu werden, versehen mit Kategorien wie, schönstenfalls, ›Dichter‹ und ›Komponist‹ oder aber ›Schriftsteller‹, ›Kabarettist‹ – zumeist in leidlich umgekehrter Reihenfolge? Ganz zu schweigen von einhergehenden Nischenzuweisungen und schlicht verkennenden Etikettierungen à la ›schwarzer Humor(ist)‹, die viel über die Beliebigkeiten und Rentabilitäten eines alles zermahlenden Kulturgetriebes verraten. Ein Archiv ausgerechnet für den Künstler, der längst sang:

> man suchte mich im Dunkeln und im Licht,
> man suchte mich mit Strenge
> tief im Wald und in der Menge,
> doch gefunden hat man mich nicht.[4]

---

1 Georg Kreisler, Ich habe einen Traum. Aufgezeichnet von Wolfgang Lechner. In: Die Zeit, 12.10.2006. Siehe auch seine Aussage: »Phantasie war alles. […] ich habe mich durch meine Kindheit geträumt, und ich träume noch heute.« (Georg-Kreisler-Archiv der Akademie der Künste, Berlin, Sign. 322; im Weiteren: »GKA«).
2 Siehe hierzu: Hans-Juergen Fink/Michael Seufert, Georg Kreisler gibt es gar nicht. Die Biographie, Frankfurt a.M. 2005, S. 228.
3 Begriff nach Eric Hobsbawm, Das Zeitalter der Extreme. Weltgeschichte des 20. Jahrhunderts. München/Wien 1995.
4 Georg Kreisler, Man sucht mich, in: ders., Leise flehen meine Tauben. Gesungenes und Ungesungenes, Frankfurt a.M. 2005, S. 147.

Wie kann sich jemand mit seinem Werk institutionell und auf Zukunft hin aufgehoben wissen, der festzustellen wusste:

> Allein wie eine Mutterseele,
> so mach Revolution! Dann ist sie deine.
> [...]
> Bleib nackt wie eine Splitterfaser!
> Warte nicht auf Lenin und Godot!
> Du kannst die Welt befrein,
> wie eine Mutterseele, allein.[5]

Schlussendlich die Frage, weshalb sollte ein Archiv, das sich sehr wohl als Ort künftiger wissenschaftlicher Forschung sieht, einem Künstler Heimstatt sein, für den die Wirklichkeit »ein Märchen, / das die Wissenschaft nicht kapiert« und der einlädt:

> Komm mit mir auf eine wahre Reise
> voller Traum und ohne Kommentar!
> [...]
> Komm mit mir auf meine Purzelbäume,
> wo von Wissenschaft nichts übrig bleibt.[6]

Zugegebenermaßen ist hier eine Reihung letztlich rhetorischer Fragen aufgeworfen – bewusst auch auf immer noch kursierende Klischeevorstellungen gegenüber Archiven rekurrierend. Die Antwort ist mit Kreislers poetischem Paradigma »Das Ewige tanzt« bereits titelgebend vorweggenommen.[7] Denn aus ureigenem Arbeitsverständnis heraus wird jedes gute Archiv genau dafür Sorge tragen, dass das Ewige zu tanzen vermag. Doch wie im Einzelnen zeigt sich das beim Georg-Kreisler-Archiv?

Der Grundstein für die Einrichtung des Georg-Kreisler-Archivs in der Berliner Akademie der Künste, die bekanntlich eine große Zahl bedeutender Künstlerarchive beherbergt und zu den wichtigsten deutschsprachigen Archivstätten überhaupt gehört, konnte vertraglich im November 2005 gelegt werden. Im Sommer des folgenden Jahres sowie Anfang 2007 übersandte Kreisler eine umfangreiche erste Auswahl seiner Materialien von Basel nach Berlin. Zu den jüngsten Bereicherungen gehören Partitur und Libretto der tragikomischen Oper *Das Aquarium oder Die Stimme der Vernunft* – übergeben im Mai 2007, unmittelbar nach Abschluss der Arbeit. Welch Glücksumstand für die Lebendigkeit eines Archivs!

---

5   Georg Kreisler, Allein wie eine Mutterseele, in: ebd., S. 140f.
6   Georg Kreisler, Das Lied von der Wirklichkeit, in: ders., Wenn ihr lachen wollt... Ein Lesebuch, Hürth b. Köln/Wien 2001, S. 66f.
7   Georg Kreisler, Das Ewige oder Zwei alte Tanten, in: ders., Worte ohne Lieder. Satiren, Wien 1986, S. 22.

Obgleich zum gegenwärtigen Zeitpunkt noch längst nicht vollständig in seiner Überlieferung, dokumentiert doch das Archiv schon jetzt eindrucksvoll das umfängliche und so vielgestaltige Œuvre Kreislers. Das in der Sprache des Archivars geläufige Maß der sog. laufenden Regalmeter (lfm.) – im Falle des Archivs von Georg Kreisler 5,1 lfm. (ca. 46 Archivkästen im Format DIN A4 bzw. A3) – gestattet zweifellos nur annähernd eine räumlich-bildliche Vorstellung. Überliefert sind: eine Vielzahl von Manuskripten/Typoskripten, Notenhandschriften und Drucken von Bühnenwerken (Opern, Operetten, Musicals, Theaterstücke, Bearbeitungen, Übersetzungen, kompositorische Mitarbeit), von Liedern, Sketchen, Kabarettprogrammen, Rundfunk- und Fernsehsendungen, von diversen Prosaarbeiten (Romane, Erzählungen, Satiren, eine Autobiografie, Essays, Kolumnen, Glossen) sowie von Orchesterwerken, Kammermusikstücken und Kompositionen für Klavier solo. Ergänzt wird dieser Werkteil des Archivs durch einzelne Arbeitsunterlagen, Korrespondenz mit Personen und Institutionen, durch biografische Dokumente, Fotos, eine Dokumentation zu Person und Werk (Zeitungsausschnittsammlung, wissenschaftliche und publizistische Arbeiten zu Georg Kreisler, Programmhefte zu Inszenierungen von Bühnenwerken, Kabarett- und Chansonabenden) sowie Übersetzungen/Bearbeitungen von Werken Kreislers nebst weiteren Manuskripten und Kompositionen anderer Autoren. Hinzu kommen eine Sammlung von Schallplatten und CDs, einzelne Tonband- und Videoaufnahmen sowie Erstausgaben von Buchpublikationen, die Kreisler ebenfalls dem Archiv übereignet hat und deren früheste inzwischen nahezu ein halbes Jahrhundert alt ist: *Zwei alte Tanten tanzen Tango ... und andere Lieder*, erschienen 1961 im Züricher Sanssouci Verlag. Unabhängig vom Georg-Kreisler-Archiv sind diese Erstausgaben in der Bibliothek der Akademie der Künste verzeichnet und öffentlich über ihren Online-Katalog (OPAC) zugänglich – eine Bibliothek, deren Bedeutung maßgeblich durch ihre mehr als 270 Nachlassbibliotheken geprägt ist, allen voran die Heinrich Manns. Um einen Überblick zu gewähren, sei hier die vorläufige Systematik des Archivs aufgeführt, so wie sie sich aus den bis dato überlieferten Materialien ergibt.

- Werke
  Lieder
    Einzelne Lieder
    Sammlungen von Liedern
  Sketche
  Bühnen-, Rundfunk- und Fernsehprogramme (Kabarett/Lieder)
  Bühnenwerke: Opern, Operetten, Musicals, Theaterstücke, Bearbeitungen, Übersetzungen, kompositorische Mitarbeit
  Orchesterwerke, Kammermusikstücke, Kompositionen für Klavier solo

    Filme, Fernsehfassungen von Operetten
    Prosa
        Romane, Erzählungen, Satiren, Autobiografie
        Essays, Offene Briefe, Kolumnen, Glossen, Rezensionen
- Arbeitsunterlagen
- Korrespondenz
    Korrespondenz mit Personen
    Korrespondenz mit Institutionen
    Glückwünsche
    Korrespondenz Zweiter mit Dritten
- Biografische Unterlagen
    Persönliche Unterlagen
    Geschäftliche Unterlagen
    Auszeichnungen
- Sammlung, Erinnerungsstücke, Dokumentation
    Fotos
        Fotos Georg Kreisler
        Fotos Georg Kreisler mit anderen Personen
        Fotos andere Personen
    Zeitungsausschnittsammlung zu Person und Werk
    Wissenschaftliche und publizistische Arbeiten zu Georg Kreisler
    Verlagsprospekte
    Programmhefte
        Programmhefte und Ankündigungen zu Kabarettvorstellungen und Chansonabenden
        Programmhefte und Ankündigungen zu Inszenierungen
        Einladungen, Ankündigungen zu Lesungen und Gesprächen
        Programmhefte und Ankündigungen von Kreisler-Programmen Dritter
        Diverse Programmhefte
    Audiovisuelle Dokumentation
        Langspielplatten
        Compact Disc-Aufnahmen
        Tonbänder
        Filmaufnahmen
    Diverse Erinnerungsstücke
- Fremde Werke
    Übersetzungen/Bearbeitungen von Werken Georg Kreislers
    Fremde Manuskripte
    Fremde Kompositionen

Angesichts einer derartigen Klassifikation dürfte der eine oder andere sich erneut bange einer Kategorisierung von Leben und Werk Kreislers gegenüber wähnen und ihn mag vielleicht ausgerechnet mit dem kreislerschen Lied von der *Schizophrenie* die Frage umtreiben: »Wenn ein gleichschenkliges Dreieck einem Doktor etwas zeigt, / kommt da ein Wiegenlied heraus?«[8] Sich einer solchen Bangigkeit zu ergeben, hieße jedoch, eine der Kardinaltugenden von Archivierung zu übersehen. Unterscheidet diese doch präzise zwischen der unangetastet bleibenden Vieldeutigkeit des vorgefundenen Materials und der notwendigen Eindeutigkeit seiner Verzeichnung (Signatur-Vergabe; sofern vorgefunden oder exakt zu ermitteln: Aufnahme von Titel/Ort/Datum; Beschreibung von Umfang und äußeren Kennzeichen; gegebenenfalls Provenienznachweis[9]). Mithin findet hier das Erfüllung, was Kreisler – wie schon zitiert – »voller Traum und ohne Kommentar« nennt. Oder um im Bilde zu bleiben: der Klassifikation ist allein in ihrem verweisenden Charakter ein wohldefiniertes Maß von Gleichschenkeligkeit eigen, das Wiegenlied vollkommen unberührt lassend. Vielmehr stößt sie in ihrer Transparenz alle Türen zu dessen künftiger Zugänglichkeit auf, hält sie offen und bezeugt dabei zudem seine authentische Überlieferung.

Im Wesentlichen ist das Georg-Kreisler-Archiv wie andere Künstlerarchive auch von zwei primären Säulen getragen: 1. die Überlieferung des künstlerischen Werks in einer Vielzahl von Autografen, gegebenenfalls ergänzt durch Publikationsbelege; 2. biografische Zeugnisse, einschließlich Korrespondenz. Hinzu kommt 3. eine Dokumentation sekundärer Materialien, insbesondere zur Rezeptionsgeschichte des kreislerschen Werks. Selbstredend gehört es zu den charakteristischen Reichtümern auch dieses Archivs, dass die Archivalien der drei genannten Bereiche aufeinander verweisen, nicht nur einander ergänzen, sondern gelegentlich auch wechselweise quellenkritisch erhellen.

I. Überlieferung des künstlerischen Werks im Archiv

Zu den ältesten Schätzen des Archivs gehören Notenhandschriften und Textfassungen der im Dezember 1947 in den USA bei RCA Victor aufgenomme-

---

8 Georg Kreisler, »Die Schizophrenie«, zit. n. ders., Barbara Peters: Wo der Pfeffer wächst. Preiser Records 1981.
9 Bekanntermaßen gilt in Archiven grundsätzlich der Herkunftsnachweis für alle Archivalien. Im Falle des Georg-Kreisler-Archivs stammen bisher alle Materialien aus einer einzigen Provenienz, d.h. aus dem sog. Vorlass Kreislers. Dies schließt nicht aus, dass künftig auch Dritte dem Kreisler-Archiv Materialien, insbesondere wertvolle Autografen, übereignen werden, deren Herkunft jeweils genau ausgewiesen wird.

nen Lieder *It's great to lead an antiseptic life*, *My Psychoanalyst is an Idiot*, *Please, shoot your husband!*, *I hate you*, *Frikashtazni* (Frikashtasni) und *What are little girls made of*? Obgleich RCA diese sechs Aufnahmen nicht publizierte und die Veröffentlichung erst über ein halbes Jahrhundert später dank Michael Seufert und Hans-Juergen Fink möglich wurde,[10] zählen die Autografen dieser und weiterer etwa zeitgleich entstandener Lieder (*You bore me*; *Good old Ed*; *Little Bird*) zu den frühesten Zeugnissen des kreislerschen Werks. Überliefert sind die genannten Lieder im Archiv u.a. in einer von Hand nummerierten Zusammenstellung der Textfassungen (No 1-8) sowie in einer *Englische Lieder* betitelten Sammlung einzelner Partituren, gemeinsam mit Liedern, die auf die Jahre 1950/51 datiert sind (*Don't shoot your husband!*, *Begging another*). Zum einen findet sich hier bereits ein für Kreislers Arbeiten charakteristisches Merkmal der Überlieferung. So werden Lieder von ihm oft in einer Folge zusammengestellt und fortlaufend nummeriert, sei dies bei der Entstehung mehrerer Lieder innerhalb eines bestimmten Zeitraums oder hinsichtlich einer Auswahl für diverse Aufführungen oder Verlagspublikationen (z.B. sind Erstdrucke mehrfach im Archiv dokumentiert). Ein Charakteristikum, dem auch die Archivierung Rechnung zu tragen hat durch die Aufnahme einer eigenständigen Klassifikationsgruppe »Sammlungen von Liedern«. Freilich ist ungeachtet dessen jederzeit der einzelne Liedtitel dank seiner Indizierung im Werkregister oder durch eine Volltext-Recherche in der Datenbank ermittelbar und somit die Zusammenführung physisch getrennt überlieferter Autografen gewährt. Zum anderen bergen die auf diese Weise bewahrten originären Überlieferungskontexte für den interessierten Archivnutzer Hinweise auf Entstehungszusammenhänge einzelner Werke.

Zeugen die frühen Lieder Kreislers exemplarisch vom Repertoire und Können des jungen Künstlers, der über Jahre als Pianist und Sänger in New Yorker Bars und bei Gastauftritten in diversen Städten und Provinzorten der USA bis hin nach Kanada seine Existenz bestritten, so künden im selben Zeitraum entstandene, ebenfalls im Archiv zu findende Werke von der so erstaunlichen Vielgestaltigkeit und Ambition seiner Begabung. Zu nennen sind hier Kompositionen wie *Five Bagatelles for Piano*, *Sonata for Piano*, *Klavier Konzert* oder die Adaption und Übertragung von Lortzings *Zar und Zimmermann* ins Englische[11] sowie schließlich das über 250 Seiten umfassende Typskript von *This Delightful Day. A Novel With Observations and Reservations* (geschrieben um 1946/47). Während etwa

---

10 Die Biografen Georg Kreislers haben bekanntlich im Zuge ihrer Recherchen die Aufnahmen in einem Tonarchiv in Boyers, Pennsylvania, ausfindig machen können und sie als CD ihrer 2005 erschienenen Biografie beigefügt.

11 »Crowns and Clowns. A comic opera by Gustav A. Lortzing. Adapted and translated by George Kreisler«. Siehe: GKA Sign. 221, 222. Siehe ferner Kreislers Libretto-Übersetzung von Richard Wagners »Der fliegende Holländer« ins Englische: GKA Sign. 195.

zeitgleich entstandene Kurzgeschichten[12] offenbar nicht überliefert sind, finden sich neben den genannten Werken für Klavier weitere Kompositionen jenseits von Lied und Bühne im Archiv bewahrt, zum Beispiel: *Andante / for 1 Flute, 1 Oboe, 1 Clarinet Bb, 1 Bass Clarinet Bb, 2 Trumpets, 1 Trombone, Piano, Tympani in C and G, Strings* (undatiert), *Die Walzerprobe / für 2 Flöten (1 Piccolo), 2 Oboen, 2 Klarinetten in B, 2 Fagotte, 2 Hörner in F, 2 Trompeten in B, 2 Posaunen, 1 Tuba, Schlagwerk: 2 Pauken, Kl. Trommel, hängendes Becken, Triangel, Triller-(Polizei-)Pfeifchen und Streicher* (August 1955) oder *Serenade interrompée / für Solo Violine und Orchester, bestehend aus: 2 Flöten, 2 Oboen, 2 Klarinetten in B, 2 Fagotte, 2 Hörner in F, 2 Posaunen, 2 Harfen, Celesta, Pauken, Triangel, Becken und Streicher* (November 1955).

Beeindrucken dürfte jeden, der sich diesen oder anderen Autografen gegenübersieht, welch Sorgfalt Kreisler offenkundig von früh an der eigenhändigen Niederschrift seiner Kompositionen angedeihen ließ; bezeichnenderweise stößt man nur in Ausnahmefällen auf die Handschrift eines Kopisten. Gleiches gilt auch für Texte, die in aller Regel als Typoskripte (maschinenschriftliche Manuskripte) vorliegen, meist mit nur wenigen Korrekturen – was manchen Archivnutzer betrüben muss und vermutlich allein denjenigen zu trösten vermag, der unmittelbar an autorisierten, vom Verfasser letzthin für überlieferungswürdig befundenen Werkfassungen interessiert ist und weniger an einer Werkgenese.

Aufgrund zeithistorischer Bedingungen scheinen leider vor 1945 zu datierende Arbeiten Kreislers nicht mehr zu existieren, beispielsweise aus der Zeit seiner Zugehörigkeit zur US-Army – so die in Zusammenarbeit mit anderen amerikanischen Autoren entstandenen Revuen *Think well of us* (1943) und *Out of this world* (1944).[13] Dies ist umso bedauerlicher, da Kreisler hier nicht nur als Komponist, Pianist und Autor in Erscheinung tritt, sondern überdies auch als Regisseur und Darsteller agiert und zur Tournee beordert wird, u.a. durch England, mit dem Erfolg eines jubelnden Publikums, das in Freilichtbühnen bis zu 10 000 Soldaten zählt.

> Nun wusste ich endlich, warum ich Soldat geworden war: Um Theater zu spielen, zu inszenieren, zu komponieren. Ich meine das ganz ernst. In Hollywood hatte ich nur Geld verdient, nun reizte mich die Arbeit,[14]

kommentierte Kreisler diese Erfahrung nach den Anfangsjahren des amerikanischen Exils von 1938 bis 1942. Hier tritt also bereits markant der Theatermann in Erscheinung, dessen Selbstverständnis und Wirkung sich heute in einem umfänglichen Bühnenwerk – mittlerweile über mehr als sechs Jahrzehnte reichend – im Archiv dokumentiert findet.

---

12 Siehe: Fink/Seufert, Georg Kreisler gibt es gar nicht (Anm. 2), S. 144.
13 Ebd., S. 116-119.
14 GKA Sign. 322.

Abb. 12: Sonata for Piano *(1952), Erster Satz (Ausschnitt).*
Berlin, Akademie der Künste, Georg-Kreisler-Archiv 438, S. 11

Die in die Systematik des Georg-Kreisler-Archivs aufgenommene Klassifikationsgruppe ›Bühnenwerke‹ ist angesichts der Vielfalt der zu berücksichtigenden Werke bewusst summarisch gefasst und sucht naturgemäß, in ihrer näheren Bestimmung ›Opern, Operetten, Musicals, Theaterstücke, Bearbeitungen, Übersetzungen, kompositorische Mitarbeit‹ ganz den kreislerschen Charakterisierungen zu folgen. Hierbei ist unverzüglich daran zu erinnern, dass auch diesen näheren Bestimmungen immer wieder fließende Grenzen eigen sind, bedenkt man nur für Kreisler charakteristische Titelergänzungen wie »Eine tragikomische Oper«, »Musical in zwei Akten für einen Schauspieler«, »Musical ohne Lieder«, »Komödie mit Musik«, »Ein Gesellschaftsspiel mit Musik«, »Eine musikalische Tragikomödie in siebzehn Bildern«, »Ein Handlungsfaden mit Liedern«, »Eine musikalische Satire in zwei Akten«, »Eine Geschichte in Chansons« sowie »Ein Stück mit einem Vorspiel und etwas Musik«.

Und dieses Phänomen lässt den Archivar wiederum dankbar an besagte Vorzüglichkeit seiner Arbeit denken, allein den vorgefundenen Quellen verpflichtet zu sein und sich folglich an die genaue Aufnahme originär vorliegender Titel zu halten, bis hin zum mitunter ebenso sprechenden Ausweis »Ohne Titel«. Man darf sich dabei getrost an die Tugenden der Mathematik erinnert fühlen, für die auch der Nachweis eines nicht zu liefernden Beweises von Bedeutung ist, geschützt vor jedweder ungebührlichen Spekulation. So verwundert auch nicht, dass Georg Kreisler bei einem Besuch seines Archivs im Dezember 2007 – befragt nach einzelnen kompositorischen Skizzen und Entwürfen ohne Titel und folglich von archivarischer Seite nicht näher zu charakterisieren – bündig erklärte: »Ja, Skizzen, Entwürfe!«[15]

Um eine annähernde Vorstellung von der mit dem ›Bühnenwerk‹ in Text und Noten existierenden Fülle zu gewähren, seien auswahlweise genannt: die beiden Opern *Der Aufstand der Schmetterlinge* und *Das Aquarium oder Die Stimme der Vernunft*, entstanden im zurückliegenden Jahrzehnt zwischen 1999 und 2007; Musicals, Komödien, Satiren und Farcen aus den Jahren 1962 bis 2002 wie zum Beispiel: *Adam Schaf hat Angst*; *Atempause*; *Das deutsche Kind*; *Der Klezmer*; *Der tote Playboy*; *Die schöne Negerin oder Eine Familie verschwindet*; *Du sollst nicht lieben*; *Ein Tag im Leben des Propheten Nostradamus*; *Heute Abend: Lola Blau*; *Oben*; *Polterabend*; *Tirili* (gemeinsam mit Otto Grünmandl) und *Willkommen Zuhause*. Hinzu kommen musikalische Neubearbeitungen Kreislers: *Das Glas Wasser* von Eugène Scribe, *Das Orchester* frei nach Jean Anouilh, *Geld oder Leben* nach Georg Kaisers *David und Goliath*, Hanoch Levins *Jacobi und Leidental* (nebst deutscher Übersetzung) und Nestroys *Lumpazivagabundus* (gemeinsam mit Leopold Lindtberg). Nicht zu vergessen in dieser Reihung sind Kreislers Musik zur Operette *Maskerade*, zu der Buch und Liedertexte Walter Reisch

---

15 Siehe: GKA Sign. 216, 220, 388, 390, 442.

schrieb, wie umgekehrt Kreislers Textfassung zur Operette *Hölle auf Erden* mit Musik von Jacques Offenbach und Hans Haug.
Mit der archivarischen Aufnahme des kreislerschen Bühnenwerks ist also umfassend ein Zweifaches dokumentiert:

1. Kreislers Schaffen jenseits allgewohnter Kategorien- und Genrefestlegungen;
2. Kreislers ungemein facettenreiche Bühnenpräsenz, oft gar in Simultanität als Komponist, Librettist, Stückeschreiber, Bearbeiter, Übersetzer, Darsteller, Regisseur und Dirigent.

Die Dokumentation dieser Präsenz ist umso wichtiger, da Kreisler nach wie vor weit mehr, bisweilen gar fast ausschließlich, als Kompositeur und Interpret von Liedern im öffentlichen Bewusstsein erscheint. Dem entgegen erweist sich also auch hier wieder das Archiv als transparenter Zugang zum Authentischen in all seiner Vielfalt.

Nach Schätzungen seiner Biografen hat Georg Kreisler insgesamt etwa 600 Lieder geschrieben, überwiegend in den 1960er-/70er-Jahren.[16] Offenkundig der Maxime folgend, ›Selbstkritik‹ gehöre »zu den allerwichtigsten Dingen, wenn man schreibt«, nehmen drei Viertel der eigenen Produktion – so Kreislers Auskunft – den Weg in den Papierkorb.[17] Und so bestimmen denn auch diese Arbeitsweise und die von Kreisler getroffene Auswahl der übergebenen Materialien das Gesicht seines Archivs. Eingegangen sind darin bisher rund 240 Lieder, unabhängig von Liedern, die im Kontext einzelner Bühnenwerke überliefert sind (siehe z.B. insbesondere *Heute Abend: Lola Blau*). Zu hoffen steht angesichts dieser Zahl im Vergleich zu besagten 600 Liedern, dass die Auswahl vorläufig genannt werden kann – eine Hoffnung, die nicht allein in der Natur eines jeden Archivars liegt. Kaum trifft man auf einzelne genetische Stufen wie Notizen, Entwürfe oder Fassungen eines Liedes. Ähnlich wie bei anderen Arbeiten Kreislers ist statt dessen in der Regel die für gültig erachtete Fassung eines Liedes aufbewahrt. Angesichts der für ihn so charakteristischen fortwährenden Bearbeitung seiner Lieder, die mitunter gar im Interesse einer politischen Aktualisierung ganze Bundeskanzlerschaften durchwandeln können, sei noch präziser formuliert: aufbewahrt ist in der Regel die zu einem bestimmten Zeitpunkt von Kreisler für gültig erachtete Fassung eines Liedes. Doch just hier endet die Arbeit des Archivars und mag getrost von Philologen und Musikwissenschaftlern im Quellenstudium fortgesetzt werden. Zu deren großen Vergnügungen dürfte aber hauptsächlich gehören, bei den Autografen der Lieder *in nuce* das für Kreisler so markant

---

16 Fink/Seufert, Georg Kreisler gibt es gar nicht (Anm. 2), S. 213.
17 Zit. n. ebd., S. 214.

widersprüchliche Beziehungsgefüge von Musik und Wort, einschließlich der vielfach eingewobenen Bezüge zur Welt der klassischen Musik, ganz unmittelbar vor Augen zu haben. Von den ersten vier deutschsprachigen Liedern, mit denen Kreisler im Januar 1956 in der Wiener Marietta Bar auftritt – zehn Jahre nach Kriegsende war er aus den USA nach Europa zurückgekehrt – finden sich im Archiv Partituren sowie eine Textfassung. Bezeichnend ist jedoch auch hier, dass offenbar allein *Bach in Boogie-Woogie*, nicht jedoch *Bidla Buh*, *Das Triangel* oder *Das Mädchen mit den drei blauen Augen* in der originären Niederschrift von 1955 (spätestens Januar 1956) überliefert ist, zumindest soweit bis dato ersichtlich, sondern wiederum im Kontext späterer Zusammenstellungen von Liedern.[18] Gleiches gilt auch für Kreislers legendäres *Frühlingslied* (später *Tauben vergiften*), das erstmals im März 1956 in der Marietta Bar zu vernehmen war.[19] Rückblickend scheint mit den dortigen Auftritten der Beginn für eine über Jahrzehnte reichende Arbeit mit Bühnen-, Rundfunk- und Fernsehprogrammen gelegt, die im Archiv denn auch in einer eigenständigen Klassifikationsgruppe mit einer Vielzahl von Sende- und Bühnenmanuskripten wie kreislerschen Typoskripten verzeichnet wurde. Genannt seien hier *Allein wie eine Mutterseele*, *Alte Lieder rosten nicht*, die Sendereihe des österreichischen Fernsehens *Die heiße Viertelstunde*, *Everblacks*, *Fürchten wir das Beste*, *Hurra wir sterben!*, *Im Theater ist was los*, *Lieder für Fortgeschrittene und Nichtarische Arien*, *Rette sich, wer kann*, *Ungesungene Lieder* und schließlich Kreislers Auftritt in den Münchner Kammerspielen mit dem Programm *Zwei alte Tanten tanzen Tango*, der den Künstler 1960/61 einem größeren Publikum auf der Bühne bekannt machte. In einer ihm in vielerlei Hinsicht fremd bleibenden europäischen Welt sieht er seine ›Rettung‹ von unerwarteter Seite: »Vom Publikum. Das entmündigt geglaubte Publikum, zuerst in München, dann in der Schweiz, dann im übrigen Deutschland, zuletzt auch in Österreich, versetzte mich in die Lage, arbeiten zu dürfen.«[20] Wie sehr sich Kreisler neben Bühne, Rundfunk und Schallplatten/CD-Aufnahmen des seinerzeit noch relativ jungen Mediums Fernsehen anzunehmen weiß, zeigen nicht nur die genannten kabarettistischen Programmsendungen. Bereits 1957 bearbeitete er Ferenc Molnárs Komödie *Die Fee* für das Deutsche Fernsehen, mit Leo Falls *Der liebe Augustin* und Carl Zellers *Der Vogelhändler* folgten 1961 und 1968 zwei Operetten-Bearbeitungen (beide gemeinsam mit Kurt Wilhelm). Drehbücher bzw. vorausgehende Fassung dieser Arbeiten sind im Archiv belegt. Hinzu kommen – ob als frühe

---

18 Siehe: GKA Sign. 7. Vgl. dagegen: Sign. 118, 122, 415. Siehe auch: Fink/Seufert, Georg Kreisler gibt es gar nicht (Anm. 2), S. 178.
19 Siehe wiederum: GKA Sign. 118, 415; Fink/Seufert, Georg Kreisler gibt es gar nicht (Anm. 2), S. 179.
20 Georg Kreisler, Mein Leben in Worten ohne Lieder, in: ders., Worte ohne Lieder. (Anm. 7), S. 323.

Fassung, Treatment oder Drehbuch – Filmarbeiten wie *Abschied von Berlin*, *Georg Kreislers musikalische Knochensäge oder Der Musikkritiker*, *Glück ist Ansichtssache*, *Irgendwo am Strand*, *Letzte Etage*. Die seltsamen Gesänge des Georg Kreisler, das nicht produzierte Kriminal-Musical *Mord nach Noten* oder eine in drei Folgen konzipierte *Geschichte des Musicals* (gemeinsam mit Ottokar Runze).

Wenn Kreisler erklärt, »Jedes Theater in der Welt hätte mich laufend anstellen können. Ich hätte viel lieber Theater gemacht als Kabarett«,[21] so artikuliert er wohl seine tiefste künstlerische Leidenschaft. Der »Traum von einem eigenen Theater«, »immer wieder geträumt, oft sehr intensiv und konkret«[22], geht nicht in Erfüllung. Zugleich ist noch eine andere Passion (wieder) zu entdecken, auch im Archiv: die des Prosa-Autors. Hatte Kreisler bereits in den USA, wie erwähnt, den Roman *This Delightful Day* geschrieben, so erscheint 1990 *Ein Prophet ohne Zukunft*, 1996 *Der Schattenspringer* und 2004 *Alles hat kein Ende*.[23] Zu erwähnen sind auch die Satiren *Der Unvollendete*; *Mutter kocht Vater, zum Beispiel* sowie *Heute leider Konzert*, die alle drei unter letztgenanntem Titel 2001 veröffentlicht wurden. Bezeichnend, dass jede der genannten Publikationen in einem anderen Verlag erschienen ist, ein Phänomen, das symptomatisch wirkt, kennzeichnet es doch Kreislers unermüdliches Ringen, sein Werk und sein Publikum, seine Leser, Hörer und Zuschauer über alle kulturbetrieblichen und -behördlichen Vermauerungen hinweg zueinander zu bringen. Dieses Phänomen wird wiederholt im Archiv greifbar, sei es angesichts des so umfangreich bezeugten Schaffens, der geführten Korrespondenz oder auch anhand der bis in die Gegenwart dokumentierten Rezeptionsgeschichte des kreislerschen Werks. Nirgends aber dürfte es so authentisch und vielschichtig zur Sprache gebracht sein, wie in Kreislers *Memoiren auf Wunsch einer einzelnen Dame*, die als über 300-seitiges, handschriftlich korrigiertes Typoskript (mit dem Vermerk »Für Barbara Peters«!) zu den Schätzen des Archivs gehören. Neben den hier genannten und anderen, im weitesten Sinne erzählenden Prosaarbeiten begegnet man im Archiv der erstaunlichen Zahl von bis dato rund 80 Essays, Offenen Briefen, Kolumnen, Glossen und Rezensionen – geschrieben in mehreren Jahrzehnten, überwiegend publiziert in Tages- bzw. Wochenzeitungen, sich dabei offenkundig über deren jeweilige politische oder gar ideologische Ausrichtung gelassen hinwegsetzend. Kreislers Beiträge werden – gelegentlich gar in Serien wie *Was mich ärgert* – gedruckt u.a. von *Basler Zeitung*, *Der Standard*, *Die Tageszeitung*, *Die Welt*, *Frankfurter Allgemeine Zeitung*, *Neue Zürcher Zeitung*, *Rheinischer Merkur*, *Sonntagszeitung* oder *Süddeutsche Zeitung* und *Wochenpresse*.

---

21 Zit. n. Fink/Seufert, Georg Kreisler gibt es gar nicht (Anm. 2), S. 211.
22 Georg Kreisler, Ich habe einen Traum (Anm. 1).
23 Von diesen drei Romanen sind gegenwärtig nur »Der Schattenspringer« und »Alles hat kein Ende« im Archiv in korrigierter Fassung bzw. korrigiertem Fassungsteil überliefert, siehe: GKA Sign. 306, 310.

Das breit gefächerte Themenspektrum ist hier lediglich mit wenigen Titeln anzudeuten: *Altersweisheit, Die Musik des Todes – Der Tod der Musik. Ein Aufschrei von Georg Kreisler, Die Schweiz, ein Rätsel, Ein Brief nach Wien* (1996, angesichts seines bevorstehenden 75. Geburtstags die Bitte, von der Glückwunschliste des österreichischen Staates gestrichen zu werden), *Elend der Theaterkritik, Es lebe das Chaos! Gedanken zum Jahresende, Gedanken zum Marxismus, Heimweh, Hilfe, die Deutschen kommen!, Jude sein, leicht gemacht, Macht ist das Gegenteil von Kunst, Manches Regie-Theater ist wie eine Bücherverbrennung, Wie wird man Antisemit?* und schließlich jüngsten, doch sicher nicht letzten Datums im jüdischen Monatsmagazin *Aufbau* 2007/1 erschienen: *Satire ja, Satire nein.*

II. Biografische Zeugnisse und Korrespondenz

Neben der aufgeführten Werküberlieferung – zweifelsohne tragende Säule des Archivs – gebührt weiteren primären Zeugnissen wie den biografischen Materialien und der kreislerschen Korrespondenz eine beachtliche Bedeutung; obgleich bei beiden noch manch Zuwachs vermutet werden darf, da bisher nur eine erste Auswahl ins Berliner Archiv eingegangen scheint.
Als älteste Familiendokumente finden sich die der jüdischen Tradition folgenden Traueralben für die Großeltern Anna und Josef Kreisler, angelegt in Wien 1926 und 1935. Ein drei Jahre später ausgestellter »Meldezettel für Unterparteien« (Wien, 8. Juli 1938) mit amtlichem Vermerk über den letzten Wohnort vor dem Exil, kündet von traumatischen Erfahrungen des gerade 16jährigen, der mit seinen Eltern dem faschistischen Österreich zu entkommen sucht. Unter »Ist ausgezogen am: ... / nach: ... « steht vermerkt: »1938 / Amerika«[24]. 62 Jahre später, in einem neuen Jahrtausend, wird Georg Kreisler von einer wiederaufgefundenen Liste des Wiener Sicherheitsdienstes um Adolf Eichmann erfahren, in der sein Vater, Siegfried Kreisler, neben anderen jüdischen Rechtsanwälten »Für die Ueberführung nach Dachau [...] namhaft gemacht«[25] wird. Zur unmittelbaren Vorbereitung auf die lebensrettende Emigration gehören auch die Referenzschreiben von Fritz Kurzweil, Felix Lenz und Walter Reither vom 27. Juni 1938, die ihrem Schüler bescheinigen, trotz seiner Jugend »ein profunder Kenner der wichtigsten Werke der Musikliteratur und ein ganz ausgezeichneter und begabter Musiker« zu sein, er sei »als reproduzierender und schaffender Musiker außerordentlich begabt«, man glaube »schon heute große Hoffnungen in ihn setzen zu dürfen« und »empfehle ihn mit Freude jeder seiner Musikbegabung würdigen Hilfe

---

24 GKA Sign. 648.
25 GKA Sign. 558.

und Unterstützung«[26]. Mit den Programmblättern des Neuen Wiener Konservatoriums aus den Jahren 1932 und insbesondere 1934 (Vorspielübung 4. Jahrgang der Klavierklasse Hilda Stern)[27] sind auch die wohl allerersten öffentlichen Bekundungen dieser musikalischen Begabung dokumentiert – zudem auch der Name der Kreislers Anfänge nachhaltig prägenden und so verehrten Klavierlehrerin. Die Bescheinigung »Honorable Discharge Army of the United States« vom Okt. 1945 sowie US-amerikanische Reisepässe verweisen nicht nur auf das Land, das Georg Kreisler Exil bot und mit dessen Armee er gegen das faschistische Deutschland in den Krieg zog, sie erinnern auch an eine Staatsbürgerschaft, die er bis heute innehat.[28] Zu den persönlichen Unterlagen gehören ferner Familiendokumente (u.a. zu Eheschließungen), aber auch Materialien eines Urheberrechtsstreites, in dem sich Kreisler angesichts seines Stückes *Heute Abend: Lola Blau* gegen abstruse Autorschaftsansprüche Dritter verwahren muss, über nahezu zwei Jahrzehnte unter Aufbietung höchster Kräfte und wider allerlei kafkaeske Verkehrungen. Ergänzt wird die Gruppe der biografischen Materialien durch geschäftliche Unterlagen; zu nennen sind hier vor allem Verträge mit Theater-, Buch-, Musik-/Schallplatten-Verlagen, Aufführungs- bzw. Kooperations- und Gastspielverträge mit Theatern, Fernsehen und anderen Institutionen. Lassen allein schon diese Unterlagen den immensen Zeit- und Arbeitsaufwand erahnen, mit dem sich Kreisler in seiner mehrfach exzeptionellen Künstlerschaft konfrontiert sieht, so bestätigt sich dieser Eindruck durch die von ihm geführte Korrespondenz um ein Mehrfaches.

Ein Großteil umfasst den Briefwechsel mit Verlagen, Theatern, Opern, Rundfunk- und Fernsehanstalten, Zeitungs-/Zeitschriftenredaktionen, kommunalen und staatlichen Institutionen bis hin zum Bundeskanzler der Republik Österreich. Hier lässt sich also ganz faktisch die Fiktion »Schau, der Kanzler ist froh, dass du da bist […]. Kreisler, sei positiv! […] Schreib an den Spiegel einen Brief«[29] prüfen. Staunend steht man vor knapp 100 Briefen an diverse deutschsprachige Bühnen, denen Kreisler Ende 2001 seine Oper *Der Aufstand der Schmetterlinge* zusendet, sie war 2000 in den Wiener Sofiensälen uraufgeführt worden und hätte nun andernorts zu seinem Publikum gelangen müssen und können. Bis auf wenige, in ihrem verklausulierten Aus-

---

26 GKA Sign. 650.
27 Offenkundig Hilde Stern statt Hilda Stern; siehe näher in: Memoiren auf Wunsch einer einzelnen Dame (GKA Sign. 322) sowie in: Fink/Seufert, Georg Kreisler gibt es gar nicht (Anm. 2), S. 41f.
28 Bekanntlich hat Georg Kreisler, obgleich gebürtiger Österreicher, bei seiner Rückkehr aus dem amerikanischen Exil seine österreichische Staatsbürgerschaft nicht wie die im Land Gebliebenen automatisch zurückerhalten. Siehe: Fink/Seufert, Georg Kreisler gibt es gar nicht (Anm. 2), S. 174.
29 Georg Kreisler, »Kreisler, sei positiv!« Zit. n. ders., Barbara Peters: Gruselkabinett. Preiser Records 1981.

weichen z. T. kurios anmutende Reaktionen erhält der Autor keine Antwort – freilich ist auf diese Weise zumindest ganz unmittelbar ein Armutszeugnis des deutschsprachigen Bühnenbetriebes archivarisch mitdokumentiert. Wer also vermutet, die Korrespondenz mit Institutionen erschöpfe sich im allgemeinen amtlich-behördlichen Wortwechsel – was bei Georg Kreisler ohnehin kaum ernsthaft anzunehmen gewesen wäre –, wird vor einigen Funden stehen. Von diesen könnte manch einer tragikomisch genannt werden, sähe man sich nicht unwillkürlich dem irrlichternden Widersinn unserer Zeit- und Weltverhältnisse gegenüber.

Wenn 1992 justament das Bundesministerium für Unterricht und Kunst der Republik Österreich sich beehrt und den »Herrn Georg Kreissler« [sic!] »für eine kleine Aufführung« anlässlich einer Preisverleihung an einen anderen Autor zu gewinnen sucht,[30] so mag vielleicht noch schallendes Lachen angesichts offenbarter Tumbheit den solidarischen Unmut des Lesers besänftigen, insbesondere wenn er das Vergnügen hat, die kreislersche Antwort gleich mit vor Augen zu haben.

Ganz anders nimmt sich schon der Briefwechsel mit Verlagen aus, dem – abgesehen von glücklichen Fügungen wie beispielsweise die Zusammenarbeit mit Jürgen Schmidt von Preiser Records oder den engagierten kip-Verlegern Jürgen und Traudl Keiser – Züge einer Odyssee eigen sind, inklusive zensorischer Verheerungen.[31] Wem hier nicht längst das Lachen versagt, dem dürfte es vollends ersticken, wenn er vor einem geradezu sinisteren Exempel institutioneller Korrespondenz steht. So liefert das Institut für Gerichtliche Medizin der Universität Wien in Gestalt eines Gerichtlichen Sachverständigen im März 1968 unter »Betrifft: Wert des Menschen«, offenkundig als Anfrage von Kreisler initiiert und eingegangen in sein Lied *Der Wert des Menschen*, eine detaillierte prozentuale Auflistung von Substanzen, nebst abschließender Rechnung:

> Der Preis dieser Elemente für ein Gesamtgewicht von 70 kg würde – Reinsubstanzen vorausgesetzt – S 1350,- betragen. Rechnet man nun den Kohlenstoff als Handelskohle und den Wasserstoff sowie den Sauerstoff als destilliertes Wasser, so käme man auf einen Preis von etwa S 80,-, wenn man die übrigen Elemente als Salze hinzustreut. Nimmt man normales Leitungswasser (kostenlos), sowie den Kohlenstoff als Kohlensäure (gasförmig), so ergibt sich samt Zutaten ein Preis von etwa S 40,-

---

30 GKA Sign. 545.
31 Siehe hier insbesondere die Publikationsgeschichte des Bandes »Die alten, bösen Lieder. Ein Erinnerungsbuch«, erschienen 1989 im Wiener Carl Ueberreuter Verlag und schließlich – laut Auskunft desselben – einem angeblichen Wasserschaden zum Opfer gefallen. Heute existieren nur noch wenige Exemplare, eines davon findet sich dank Georg Kreislers Übergabe in der Bibliothek der Akademie der Künste. Siehe dazu näher: Fink/Seufert, Georg Kreisler gibt es gar nicht (Anm. 2), S. 274.

(ohne Mehrwertsteuer). In diesen Zahlenangaben sind die Herstellungskosten nicht enthalten.[32]

Heute, 40 Jahre nach diesem Schreiben, ist man fast geneigt, lakonisch mit einer Lied-Zeile Kreislers zu ergänzen:

> Und Lohengrin singt noch immer:
> Sei bedankt, mein lieber Schwan!
> Die Bomben, der Hunger, die Werbung
> sind nach wie vor dabei.
> Und die Menschen, wie durch Vererbung,
> vertrauen ihrer Partei.[33]

Die bisher ins Archiv eingegangene Korrespondenz mit Personen datiert im Wesentlichen aus den 1990er-Jahren bis zur Gegenwart und überliefert glücklicherweise tatsächlich häufig Brief und Gegenbrief, da Kreisler oft die eigenen Schreiben im Durchschlag aufbewahrt hat. Sie reicht von Briefen privater Natur bis hin zu Bekundungen der Verehrung und Bewunderung durch Kollegen, Hörer, Zuschauer und Leser – Resonanzen, die eindrücklich über jene besungene »blauwattierte Ferne« hinausgehen.[34] Stellvertretend genannt sei hier der Brief eines 20-jährigen Abiturienten vom Oktober 2004, der jenseits der Schule durch die Begegnung mit Werken Kreislers sich »plötzlich für Literatur wie Tucholsky, Hesse und Heine« interessiert, bei denen er »lernte, frei denken zu können und nicht nach [...] aufdoktrinierten Schemata«. Mit seinem innigen Dank verbindet er unumwunden die existentielle Frage, wie man es schaffe, »trotz des Aussteigens aus der Gesellschaft sich eine Existenz aufzubauen ohne sich irgendeinem Chef anpassen zu müssen«? Und Kreisler antwortet ausführlich und schließt: »Ich bin mit 70 Jahren nach Basel gezogen, und jetzt bin ich 82 und überlege, wie ich mein Leben ändern könnte.«[35] Inzwischen wissen wir, dass eine der steten Veränderungen der Umzug von Basel nach Salzburg im Jahre 2007 werden sollte. In vielen Briefen der noch keineswegs umfangreich ins Archiv eingegangenen Korrespondenz begegnet einem ein gesegneter Briefschreiber. Entsprechend verwundert auch nicht, dass man in einem seiner privaten Briefe, sprich fernab jedweden sekundärliterarischen Bemühens um Georg Kreisler, eine der prägnantesten Erklärungen seiner berückenden Kunst findet:

---

32 GKA Sign. 575. Siehe auch Faksimile-Abdruck in: Georg Kreisler/Christoph Gloor, Das Auge des Beschauers, Rorschach 1995, o.S.
33 Georg Kreisler, Allein wie eine Mutterseele, in: ders., Leise flehen meine Tauben (Anm. 4), S.140.
34 Ders., Zu leise für mich, in: ebd., S. 90.
35 GKA Sign. 484.

Vor etlichen Jahren hab ich ein Buch geschrieben, da fragt jemand den lieben Gott: »Warum müssen wir sterben?« Und Gott antwortet ganz verwundert: »Ihr müßt ja gar nicht sterben, ihr wollt sterben.« Das ist nicht so mysteriös wie es klingt, ich bin halt ein Mensch, der immer nur seine zweiten oder noch späteren Gedanken aufschreibt, nie die ersten. Und die meisten Menschen wollen über die ersten Gedanken nicht hinausdenken, folglich halten sie die späteren Gedanken für mystisch oder für Unsinn.[36]

III. Dokumentation zu Leben und Werk Georg Kreislers

Die umfänglichen primären Materialien des Archivs finden ihre dokumentarische Ergänzung in einer Sammlung von Fotos, Druckschriften und audiovisuellen Materialien. Zu den Druckschriften gehören einzelne Aufsätze und Forschungsarbeiten zu Georg Kreisler, vor allem aber zahlreiche Programmhefte und Einladungen zu Inszenierungen, Kabarettvorstellungen, Chansonabenden, Lesungen und Gesprächen sowie eine nur in Tausenden zu zählende Sammlung von Zeitungsausschnitten von 1947 bis zur Gegenwart. Mit Programmheften, Einladungen und der Zeitungsausschnittsammlung sind viele Daten und Orte von Auftritten Kreislers dokumentiert, die sich anderweitig nur beschwerlich und wohl auch nur noch bruchstückhaft ermitteln lassen dürften. Allein schon die im Archiv bewahrten Belege aus US-amerikanischen Zeitungen wie *Herald Tribune*, *New York Sun*, *Times-Herald* oder *Floridas Palm Beach Daily News* (u.a. aus den Jahren 1947 bis 1950) oder gar allererste Programmblätter halten viele Auftritte dieser Zeit fest, noch vor dem folgenden fünfjährigen Engagement durch die Monkey Bar in New York. So ist zum Beispiel zu erfahren, dass George Kreisler über mehrere Monate 1947[37] im Le Ruban Bleu, N.Y.C. 4 East 56th Street, mit »Lyrics Satiric« aufgetreten ist oder im Januar 1950 den Abend *In Smart sophisticated Songs* im Old New Orleans, »Washington's Largest Restaurant and Supper Club«, eröffnet hat. Zum Teil erfährt der Leser gar, welche Lieder zu hören waren. Der Künstler wird gefeiert als »the unique George Kreisler«, wird empfohlen als »newcomer to New York night life, who has made a lasting impression with his uproarious comedy«; »He is twice as witty and twice as naughty without ever being in the least offensive. His singing of Neurotic You And Psychopathic Me is a perfect essay in the delicately sophisticated.

---

36 Georg Kreisler an seine Kusine Evy Dietrich, Basel, 21. April 1998; GKA Sign. 452. Siehe auch: Georg Kreisler, Das kleine grüne Männchen, in: ders., Worte ohne Lieder (Anm. 7), S. 250-254.
37 Von Juli bis Dezember 1947, siehe: GKA Sign. 322.

And he seems to have a hundred others as good up his sleeve«; »a young man with fascinatingly mobile eyebrows, knowhow at the piano keyboard, and an assortment of devastatingly frank opinions on women, sex, marriage and related subjects«. Und schließlich ist in *The Jay-Bee* am 1. April 1948 zu lesen: »Mr. Kreisler has the rare gift of turning with ease from Debussy's Claire de Lune and Liszt's Liebestraum to Boogie and risque songs satisfying the musical taste of all the patients who heard him.«[38] Handelt es sich bei der Sammlung von Zeitungsausschnitten gelegentlich auch allein um Ankündigungen, so bestätigen wenig später folgende Kritiken überwiegend, dass der Auftritt oder die angekündigte Inszenierung auch stattgefunden haben. Die Resonanz der Anfangszeit erfährt über die folgenden vielen Jahrzehnte ihre Fortsetzung in der deutschen, österreichischen und schweizerischen Presse. Ungeachtet der diesem Medium eigenen Fluttendenzen, findet sich Kreisler hier im wahrsten Sinne stetig präsent, ganz gemäß der Fülle seines Schaffens. Die Präsenz kann über Jahre allein schon ein einzelnes Stück betreffen, wie die ungezählten Inszenierungen von *Heute Abend: Lola Blau* seit der Uraufführung 1971 bis heute zeigen. Auch der neben dem Essayisten und Kolumnisten gefragte Gesprächspartner sorgt für Aufmerksamkeit in der Zeitungs- und Zeitschriftenlandschaft, ebenso das Erscheinen vieler kreislerscher Publikationen. Nicht zu übersehen natürlich die 23, nahezu im Rhythmus aller ein bis zwei Jahre entstehenden Chanson- und Kabarettprogramme, mit denen Kreisler – ab 1977 gemeinsam mit Barbara Peters – auf Tournee geht. Überdies sind im Archiv auch seine ersten Spuren im Internet dokumentiert, insbesondere gutmeinende Bemühungen manches Verehrers Ende der 1990er-Jahre, aber auch der Versuch Kreislers, in der Uferlosigkeit des *World Wide Web* selbst Auskunft zu geben, statt mit Auskünften Dritter über sich vorliebzunehmen: »Es ist Zeit, daß ich mich wieder einmal melde« beginnt 2004 eine Aktualisierung seiner Homepage.[39]

Ohne Frage lässt sich im Spiegel der Presse ein Teil der Wirkungsgeschichte des Phänomens Georg Kreisler studieren, obgleich dabei oft viel mehr über den Spiegel selbst ausgesagt scheint. Dessen Zerrbilder wirken durch die kreislersche Kunst – gleichsam wie in ihrem Nachklang – fast bloßgestellt. So wird dem Leser schnell offenbar, dass er ein Medium vor sich hat, das in seiner notorischen Kurzatmigkeit und vielfach unverblümten Marktgängigkeit dazu neigt, Etiketten zu vergeben und zu dessen fragwürdiger Kontinuität gehört, selbige bis zum Überdruss zu pflegen. Umso beglückender wirken daher Ausnahmen wie die Stimme Hans Weigels:

> Georg Kreisler spottet der Klassifikationen. Mit der Etikette »Kabarettist« ist nichts gesagt, und der Gattungsname »Chanson« trifft seine Werke nur oberflächlich. Er ist,

---

38 GKA Sign. 699.
39 GKA Sign. 327.

obschon von Beruf Musiker und als Verfasser von Texten Autodidakt, ein bedeutender Lyriker und gehörte als solcher längst in die Literaturgeschichte.[40]

Und umso gewichtiger der Umstand, dass Kreisler für sein Publikum, seine Hörer und Leser auf direktem, primärem Wege erreichbar ist und bleibt – jenseits von Zensoren und vorgeblichen Anwälten seiner Kunst –, sei es dank der von ihm autorisierten Publikationen oder dank der im Archiv bewahrten mannigfachen Quellen. Kurzum, hier gilt: »Traum steht nicht zur Diskussion.«[41]

Das Verzeichnis zum Georg-Kreisler-Archiv umfasst zum gegenwärtigen Zeitpunkt nahezu 1000 Signaturen, hinter denen sich jeweils – ob Werk, Korrespondenz, biografische Unterlagen oder andere Materialien – ein einzelnes Blatt oder auch ein großes Konvolut verbergen kann. Zweifellos ist mit dieser Zahl lediglich ein vorläufiger Stand erreicht, da noch manch Zugang zu erhoffen ist. Neben dem klassischen Findbuch, sprich dem ausgedruckten Archivverzeichnis samt bio-bibliografischem Überblick, steht dem Archivnutzer auch die elektronische Datenbank mit diversen Recherchemöglichkeiten zur Verfügung. Hier findet sich das Georg-Kreisler-Archiv auch unmittelbar eingebettet in die diversen Welten künstlerischen Ausdrucks, zeichnet sich das Archiv der Akademie der Künste doch gerade darin aus, dass es neben dem Literaturarchiv und dem Musikarchiv ebenso die Archivabteilungen für Darstellende Kunst, Film, Bildende Kunst und Baukunst unter seinem Dach vereint. Und so verwundert nicht, wenn hier das Archiv manch eines Künstlers bewahrt ist, der auf die eine oder andere Weise für Kreisler von Bedeutung ist. Genannt seien hier nur die Archive von Friedrich Hollaender, Hanns Eisler, Werner Richard Heymann, Valeska Gert oder Leopold Lindtberg, in dessen Archiv sich beispielsweise Briefe Kreislers nachweisen lassen. Darüber hinaus haben auch andere Weggefährten und Kollegen wie Walter Reisch, Fred Jacobsen (alias Fritz Jahn/Fred Jay), Helmut Qualtinger und Marcel Prawy ihre Spuren in verschiedenen Künstlerarchiven der Akademie hinterlassen, obwohl ihr eigener Nachlass anderweitig bewahrt ist.

Mit anderen Worten, es bedarf nicht erst großer Phantasie, will man ermessen, welch Möglichkeiten dem an Georg Kreisler Interessierten aufgetan sind, um entdeckerisch – will sagen tänzerisch – seinen Weg zu den Quellen zu nehmen. Bewahrt das Archiv seinem Selbstverständnis nach für die Ewigkeit, so garantiert es im selben Atemzug den unverstellten, transparenten Zugang auf die von Kreisler geschaffenen Welten in all ihrer Vieldeutigkeit.

---

40 Hans Weigel, Die ersten 50 Jahre des Georg Kreisler (1972), in: Georg Kreisler, Ich weiß nicht, was soll ich bedeuten. Mit zwei Lobeserklärungen von Hans Weigel, Zürich, München 1973, S. 150.
41 Georg Kreisler, Träume, in: ders., Wenn ihr lachen wollt… (Anm. 6), S. 149.

Denn:

> Um tanzen zu können, muß man lesen,
> lesen, was im Wind geschrieben steht,
> die Sprünge und die vielen Hypothesen.
> Jeder ist sein eigener Interpret.[42]

Und bei all dem darf man letztlich getrost des uns allen vorausseienden kreislerschen Mathias eingedenk sein, bei seiner Fahrt ins Blaue, der Schlaue, der vielleicht »nach hundert Jahren Pause, und nachdem wir verschwanden, [...] allein vorhanden«...[43]

---

42 Georg Kreisler, Um tanzen zu können, in: ders., Leise flehen meine Tauben (Anm. 4), S. 142.
43 Georg Kreisler, Mathias, in: ebd., S. 223.

GEORG KREISLER

Nachwort

Dankeschön im Alter wird man entweder vergessen oder mit einer Angel aus der Tiefe und während man da schwebt und von allen Seiten mit Lorbeer schließt man die Augen nicht nur weil man geblendet von dem vielen Lächeln auch weil man weiß dass man so viel Lob man hat doch das meiste dem Papierkorb überlassen und dann nur umformuliert man hat mit fünfundzwanzig Jahren Dinge die man schon mit fünfundvierzig nicht mehr geschweige mit sechsundachtzig man hat überhaupt nichts überstürzen ist man versucht zu sagen das tut man nicht weil wenn ich da denke wie man sein nacktes Leben in den Dreißigern in den Vierzigern und jetzt aber die Unsicherheit ist geblieben und da fällt mir Karl Kraus ein der nie unsicher war und dann bin ich wieder froh der hat keinen Papierkorb gehabt außer für andere den hat man auch mit keiner Angel aus der Tiefe das waren andere Zeiten andere Grammatik ich habe ja viel Freude gehabt an der englischen Sprache damals nie gedacht dass ich deutsch und jetzt lobt wie gesagt in den Vierzigern war eine warme Suppe schon genug Lob also Dankbarkeit ist das mindeste jetzt eine Autobiographie geschrieben meine erste Biographie haben ja andere ich hoffe dieses oder nächstes Jahr wird sie und zur Zeit versuche ich Gedichte auf die Bühne nicht mehr sie fehlt mir ein wenig aber Gedichte sind ja auch schön vorausgesetzt niemand lobt trotzdem Lob hört man ja gern wenn nur das schlechte Gewissen nicht aber besser als umgekehrt wer schreibt braucht ja was braucht er ich weiß nicht also vielen herzlichen Dank Punkt.

> Ich bin jetzt alt
> und sterbe bald.
> Die Behörden können mir nichts mehr tun,
> denn ich bin reif
> und wanke steif
> ins Irgendwo, mich auszuruhn.
>
> Aus eins mach keins!
> Zwar Goethe meint's
> ganz anders, doch ich bleib dabei.
> Aus null mach acht!
> Aus Tag mach Nacht!
> Ich bin erlöst und pflichtenfrei!

Mein Leben war
mir nie ganz klar.
Ich bin der Sprößling einer Sphinx
und muß jetzt wen
besuchen gehn
und schließ die Augen rechts und links.

Namenregister

Adorno, Theodor W. 40
Anouilh, Jean 66, 99
Aristophanes 16
Arx, Ursula v. 63
Atreus 14
Axton, Charles B. 62

Bach, Johann Sebastian 13, 15, 45, 51, 53, 89, 101
Bauer, Elisabeth E. 40
Beethoven, Ludwig van 16, 39f., 47, 53
Benatzky, Ralph 66
Berlin, Irving 10
Bethencourt, Jao 65
Bez, Helmut 67
Boethius 9
Böhm, Karl 19
Boulez, Pierre 19, 27
Brahms, Johannes 11, 27
Bruchmann, Franz Seraph v. 13f.
Bruckner, Anton 22
Busoni, Ferruccio 39f.

Chopin, Frédéric 22, 55
Custodis, Michael 29
Czerny, Carl 55
Czycykowski, Leonie 7

De Falla, Manuel 22
Debussy, Claude 22, 108
Degenhardt, Jürgen 67
Delius, Frederick 22
Dietrich, Evy 107
Donizetti, Gaetano 22
Dvořák, Antonín 17, 53

Eggebrecht, Hans H. 40

Eichmann, Adolf 103
Eisler, Hanns 51, 109

Fall, Leo 101
Feuchtwanger, Lion 56
Fink, Hans-Juergen 23, 31, 34ff., 43, 46, 59f., 63f., 67, 73, 77, 80, 91, 96f., 100ff., 104f.
Fink, Werner 71
Fischer, Tim 66, 71f.
Flaubert, Gustave 17
Freud, Sigmund 23

Geiger, Friedrich 39, 43, 49
Geißler, Katharina 83
Gershwin, George 12
Gershwin, Ira 12, 24f.
Gert, Valeska 109
Gildo, Rex 62f.
Glinka, Michail I. 22, 25
Gloor, Christoph 106
Gluck, Christoph W. v. 22, 55
Godowsky, Leopold 25
Goethe, Johann Wolfgang v. 13, 111
Golyšev, Efim 51
Göring, Hermann 34
Gounod, Charles F. 15, 22
Grünmandl, Otto 99

Hahn, Marianne 7
Händel, Georg F. 22
Haug, Hans 100
Heine, Heinrich 11, 22, 56, 106
Heinemann, Herbert 28
Herzfeld, Gregor 83
Hesse, Hermann 106
Heymann, Werner R. 109

Hitchcock, Alfred 23
Hitler, Adolf 19, 23, 48
Hobsbawm, Eric 91
Hofmann, Heinz P. 67
Hollaender, Friedrich (Hollander, Frederick) 12, 109
Hollaender, Philine 78
Homer 11f.
Jacobsen, Fred 109
Jahn, Fritz (Fred Jacobsen) 109
Jansen, Wolfgang 62, 65, 67, 69, 71
Jay, Fred (Fred Jacobsen) 109
Joyce, James 17

Kadmos 14
Kafka, Franz 56, 104
Kagel, Mauricio 39
Kaiser, Georg 99
Kaiser, Joachim 39
Kaltenbrunner, Ernst 34
Kästner, Erich 56
Kaye, Danny 24
Keaton, Buster 26
Keiser, Jürgen 105
Keiser, Traudl 105
Köpp, Franka 7, 91
Kraus, Karl 111
Kreisler, Anna 103
Kreisler, Josef 103
Kreisler, Siegfried 36, 103
Kurzweil, Fritz 103

Lachenmann, Helmut 87
Lechner, Wolfgang 91
Lenin, Wladimir I. 92
Lenz, Felix 103
Leoncavallo, Ruggiero 22
Lesowsky, Wolfgang 64
Levin, Hanoch 99
Lindtberg, Leopold 99, 109
Liszt, Franz 22, 52f., 108

Litvak, Anatole 23
Lorelei 22

Lortzing, Albert 53, 96
Mallarmé, Stéphane 27
Mann, Heinrich 93
Mann, Thomas 56
Marie Antoinette 48
Mendelssohn, Felix 22, 45
Menotti, Gian C. 22
Molnár, Ferenc 101
Mörike, Eduard 13
Mozart, Wolfgang A. 15, 45, 47ff., 51, 53, 86

Nestroy, Johann N. 99
Novalis 13

Offenbach, Jacques 15, 100
Orpheus 11

Paganini, Niccolò 22
Paul, Art 65
Peters, Barbara 34, 95, 102, 104, 108
Picasso, Pablo 38
Popper, Karl R. 23
Porter, Cole 10
Prawy, Marcel 109
Puccini, Giacomo 22

Qualtinger, Helmut 109

Rachmaninoff, Sergej 22, 25
Ravel, Maurice 22
Reisch, Walter 36, 65, 78, 99, 109
Reither, Walter 103
Respighi, Ottorino 22
Richard, Christine 59
Riethmüller, Albrecht 9, 40, 84
Ritter, Hans 28

Rossini, Gioachino 22
Rothschild, Thomas 43
Runze, Ottokar 102

Scarlatti, Domenico 22
Schmidt, Jürgen 105
Schostakowitsch, Dmitrij 22
Schubert, Franz 10ff., 13f., 17f., 22, 48
Schulhoff, Erwin 51
Schumann, Robert 10f., 17
Scott, Walter 13
Scribe, Eugène 66, 99
Seufert, Michael 23, 31, 34ff., 43, 46, 59f., 63f., 67, 73, 77, 80, 91, 96f., 100ff., 104f.
Siedhoff, Thomas 62, 69, 75
Sibelius, Jean 22
Smetana, Bedřich 22
Stalin, Josef 23
Stein, Gertrude 38
Stern, Hilde 31, 34, 104
Stockhausen, Karlheinz 27

Strauß, Johann 70
Strauss, Richard 55
Streicher, Julius 34
Suppé, Franz von 22

Torriani, Vico 66
Tschaikowsky, Peter I. 22, 24f.
Tucholsky, Kurt 106

Verdi, Giuseppe 22
Vivaldi, Antonio 22

Wagner, Richard 10f., 96
Weber, Carl Maria von 22
Weigel, Hans 108f.
Weill, Kurt 24f., 71
Wense, Hans J. v.d. 51
Weys, Rudolf 71
Wilhelm, Kurt 101

Zehnder, Otto 62
Zeller, Carl 65, 101